찬란한
고대
압독문화

공동저자(가나다순)

김광명 | 경북문화재연구원 조사연구실장

김대욱 | 영남대학교박물관 학예연구원

김대환 | 국립중앙박물관 학예연구사

김세기 | 대구한의대학교 관광레저학과 교수

김약수 | 대구미래대학교 교수

김용성 | 한빛문화재연구원 조사단장

김재열 | 한국문화재재단 연구원

박승규 | 영남문화재연구원 원장

박종섭 | 한국문화재재단 조사연구실장

이형우 | 영남대학교 국사학과 교수

장용석 | 한국문화재연구원 부원장

전영권 | 대구가톨릭대학교 지리교육과 교수

정 민 | 금오문화재연구원 연구원

하진호 | 영남문화재연구원 조사연구실장

황종현 | 경산시립박물관 학예연구사

찬란한 고대 압독문화

초판 발행 2015년 5월 15일

지은이 이형우 외 14인 지음

펴낸이 노석균

펴낸곳 영남대학교출판부

출판등록 1975년 9월 5일 경산 제16-1호

주소 경북 경산시 대학로 280 / **전화** 053) 810-1801~3

FAX 053) 810-4722 / 홈페이지 book.yu.ac.kr

ISBN 978-89-7581-505-8 03910

값은 표지 뒷면에 있습니다. / 잘못 만들어진 책은 바꾸어 드립니다.

이 도서의 국립중앙도서관 출판예정도서목록(CIP)은

서지정보유통지원시스템 홈페이지(http://seoji.nl.go.kr)와

국가자료공동목록시스템(http://www.nl.go.kr/kolisnet)에서 이용하실 수 있습니다.

(CIP제어번호 : CIP2015011470)

찬란한 고대 압독문화

이형우 외 14인 지음

영남대학교출판부

머리말

우리나라에서 가장 오래된 역사서인 『삼국사기』를 보면 여러 소국이 등장하는데 그 중 압독국押督國이라는 나라가 있었습니다. 이 압독국은 고대 경산지역에 기반을 두고 존재하였던 정치체로 이해되고 있습니다. 문헌기록만을 통해 알 수 있었던 이 압독국의 실체를 우리 눈으로 처음 확인하게 된 것은 지금부터 약 30년 전인 1982년의 임당동고분군 발굴을 통해서입니다.

1982년 임당동고분군이 처음 발굴조사되고, 그 후 30여 년이 지나는 동안 임당동을 비롯한 조영동·부적리·신대리 등 임당유적 전체에 대한 발굴이 진행되면서 임당유적은 기원전 2세기부터 기원후 7세기까지 대규모 고분군古墳群과 환호環濠·토성土城·주거지住居址·저습지低濕地 등과 같은 다양한 유적이 복합된 유적임이 밝혀졌습니다. 이후 현재까지 고고학자들은 이 유적을 통해 고대 압독국 사람들의 생활상을 속속 밝혀내고 있습니다.

이 책은 이 압독국 사람들에 대한 이야기, 특히 발굴조사를 통해 고고학자나 고대사학자 등 전문가들만 알고 있는 이야기를 시민들이나 대학생들도 쉽게 이해할 수 있도록 쓰여진 것입니다. 부디 이 책을 통해 고대 경산사람들의 삶의 모습을 생생하게 느껴 보시기 바랍니다.

2015년 5월 필자를 대표하여

이형우 씀.

차례

제1부_ 찬란한 고대 압독문화

제1부

찬란한 고대 압독문화

지켜주지 못해 미안해!

김대욱 영남대학교박물관 학예연구원

필자가 고고학에 입문한 지 20년 가까운 시간이 지났다. 그동안 이곳저곳에서 발굴을 하다가 지금은 임당지역 고분군에서 출토된 유물들을 단정히 씻기고 스토리텔링의 옷을 입혀 박물관을 찾는 이들에게 선보이는 큐레이터의 일을 하고 있다. 이 유물들을 만나고 이들에게 크고 작은 의미를 부여하는 것이 나의 일이 되어버린 것이다. 그래서 나는 이들과의 인연을 더욱 돈독히 하려고 최근 이들의 과거를 추적해 보았다. 도대체 지난 세월동안 임당유적에서는 어떠한 일이 있었는지를 말이다.

우리나라에서 가장 오래된 역사서인 『삼국사기』를 보면 여러 개의 소국小國이 나타나는데 그 중 압독국押督國이라는 나라가 있다. 이 나라는 현재 경산지역에 기반을 두고 존재하였던 나라로 인정되고 있으며 많은 역사학자와 고고학자들이 그들의 삶과 문화를 그려내고 있다. 이러한 작업을 가능하게 한 것이 바로 지난 30여 년간 경산 일대에서 진행된 발굴조사와 이를 통해 밝혀진 연구 성과 때문이다.

수많은 유물이 지난 1500년 가까운 시간 동안 땅 속에 묻혀 있다가 이제야 우리의 눈앞에 이렇게 화려하게 그 모습을 드러냈지만, 필자는 이 유물을 지금 내가 만나기 전까지, 그 이면에는 쓰리고도 아픈 사건이 존재하고 있었음을 최근에야 상세하게 알게 되었다. 그래서 임당 발굴과 관련한 조금은 서글픈, 그리고 지역개발에 밀려 어쩔 수 없이 감내해야 했던 발굴의 아픈 기록에 대해 이야기하고자 한다.

임당유적은 경산 임당동·조영동, 압량면 부적리·신대리 일대에 걸쳐 형성된 얕은 구릉에 넓게 분포되어 있다. 이 유적은 임당동·조영동고분군(사적516호)을 중심으로 하는 대규모의 고총고분군과 토성으로 대표되는 방어유적, 주거지·저습지·환호 등 생활유적이 복합된 곳으로, 기원전 2세기부터 기원후 7세기까지 약 천년에 가까운 세월 동안 고대 경산 사람들의 생활문화를 고스란히 간직하고 있는 곳이다. 특히 2000기가 넘는 크고 작은 분묘와 2만점이 넘는 방대한 양의 출토유물은 고대 압독국의 찬란했던 문화를 밝히는 데에 결정적인 자료를 제공하고 있다.

임당유적 전경

임당유적이 처음 소개된 것은 일제강점기에 간행된 『1918年度 古蹟調査報告』第1冊(1922) 「原田淑人 報告分」을 통해서였다. 당시 이 책에서는 〈押梁面 大洞·造永洞 古墳〉이라는 제목으로 임당유적을 소개하고 '大洞部落에 接한 丘陵上에 있는 12基의 古墳을 소개하면서 封土들이 崩壞되었고 石材가 露出되어 있어 破壞될 위험이 있다'고 지적하였다. 또 '인근 밭에서 出土된 듯한 有蓋高杯 7個와 赤葛色軟質土器 蓋 1個, 土製鈴 1個를 구입하였다'고 보고하고 있다. 그리고 '造永洞에 屬한 地域에도 4基의 古墳이 있는데 이 고분 역시 保存策을 마련하지 않으면 亡失될 것'이라며, 고분들의 보존대책 마련을 건의하고 있다.

두 번째로 임당유적이 소개되는 것도 조선총독부에서 발행한 『朝鮮寶物古蹟調査資料』(1942)라는 책인데, 여기에는 '造永洞에 直徑 12·3間되는 古墳 7·8基가 있는데 大洞部落 西쪽 丘陵上에 있다'고 소개되어 있다. 또 '夫迪洞에는 直徑 15間에서 20間되는 不定形의 큰 古墳 4基가 있고 直徑 12·3間 정도의 고분 여러 기도 部落의 南쪽 丘陵에 있다'고 소개하였다.

일제강점기에 이미 임당유적을 조사하고 소개하였음에도 불구하고, 이 유적에 대한 보존이나 관리 대책은 전혀 마련되지 않은 채 고분군 주변으로 민가가 들어서게 되었고, 결국 유적은 계속해서 파괴되어 갔다. 또한 이곳에서 드러난 많은 유물은 주변 민가에 보관되거나 타 지역으로 유출되기도 하였다.

이러한 상황에서 1973년 10월, 영남대학교박물관에서는 임당동 672번지에 있는 고분 2기가 도굴 중인 것을 확인하고 당시 경산군수와 경산경찰서장에게 도굴범 체포와 도굴의 미연 방지책 마련 등을 포함한 고분의 보호·관리를 요청했지만 별다른 조치는 이루어지지 않았다. 그 후 문화재관리국에서 발행한 『文化遺蹟總覽』(1977)과 경북대학교 부속 박물관에서 발행한 『慶尙北道 文化財 地表調査報告書(1)-大邱·達城·慶山·漆

谷地域-』(1980)과 같은 책자에 이 고분들이 계속 소개되었지만, 그 상태 그대로 방치되어 시간만 흘러가고 있었다.

그러던 중 1982년 2월 이 곳에서 도굴된 금제조익형관식, 순금제이식 등의 장신구와 은제과대, 환두대도 등 중요한 유물들이 해외로 밀반출되는 과정에서 적발되어 세간을 떠들썩하게 한 사건이 있었다. 이 사건은 당시 대구매일신문, 동아일보, 서울신문 등에 대서특필되었다.

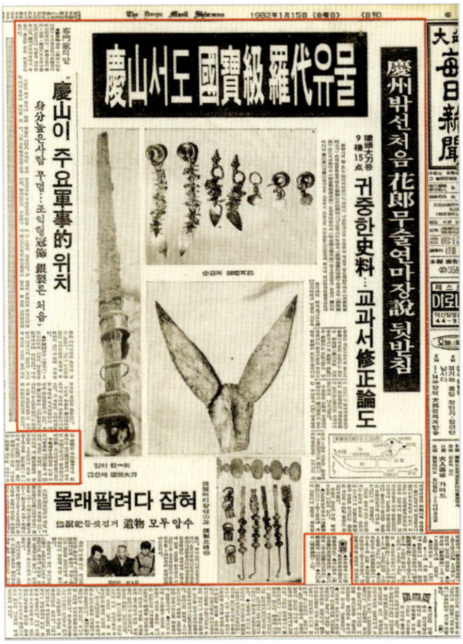
大邱每日新聞
1982年1月15日

慶山서도 國寶級 羅代유물

慶州밖선 처음 花郞무술연마장說 뒷받침

環頭大刀등 9種15点 귀중한史料…교과서修正論도

慶山이 주요軍事的 위치

몰래팔려다 잡혀

도굴 문화재 관련 기사(대구매일신문, 1982년 1월 15일)

당시 서울신문(1982년 1월 15일 금요일)에는 다음과 같은 기사가 실렸다.

羅代 환두대도 盜掘, 國寶級문화재 15점 密搬出 기도, 일당 3명 檢擧

【대구】 신라시대의 국보급 문화재 등 귀중한 고대 유물들을 도굴, 日本 등 외국으로 밀반출시키려던 문화재 전문도굴범 일당 3명이 경찰에 검

거됐다. … (중략) … 경찰은 이들이 도굴한 뒤 팔기 위해 보관중이던 신라시대의 순금·은제환두대도(길이 82cm) 1점과 은제심엽형 환두대도(길이 42cm) 1점, …(중략)… 등 모두 15점의 유물을 증거품으로 압수했다.

임당유적에서 도굴 후 압수된 유물

이 사건을 계기로 1982년 경산 임당동고분군(발굴조사 후 사적 300호로 지정) 발굴이 시작되었다. 발굴조사 결과 대형의 무덤이 도굴되었음에도 불구하고 3000여 점이 넘는 많은 양의 유물이 출토되었다. 나중에야 안 사실이지만, 임당2호분 내에서 출토된 은제과대가 도굴 후 밀반출되다가 압수된 은제과대와 동일한 것임이 확인되었다.

이후, 영남대학교박물관에서는 이 일대가 택지개발지구로 지정된다는 보도를 접하고 이 일대의 도시개발계획도면을 수령하여 이 도면 위에 고분의 분포상황을 표시하여 주었고, 고분의 현황을 촬영하여 만든 사진첩을 함께 경산군에 전달했다. 또 1986년 2월에는 『慶山地表調査報告』

라는 책자를 간행하여 이들 고분들을 포함하여 경산에 남아있는 문화유적들이 더 이상 파괴되거나 방치되어서는 안 되며, 하루빨리 보호조처를 취해달라는 요청과 함께 학계와 관계당국에 배포하기도 하였다.

그럼에도 불구하고 1986년 10월 이 일대가 택지개발사업지구로 결정되었고, 아무런 보존대책이 마련되지 않은 채 공사가 시작되어 많은 고분들이 파괴되었다. 1987년 4월 이 일대에서 많은 고분들이 파괴되어 유물이 노출되고 있는 현장을 목격한 영남대학교박물관에서는 유적보호를 요청하는 공문을 경산군에 전달하는 등 유적보호를 위한 노력을 계속하였다.

이 사실이 언론을 통해 보도되었고(1987년 4월 13·14일자 대구매일신문) 경산군과 한국토지개발공사 경북지사와 수차례의 협의를 거쳐 택지개발지구 내의 봉분이 남아있는 지역과 공사 중 유구가 노출되어 있는 지역에 대해 발굴조사를 실시(1988. 6~1988. 12)하게 되었다. 이 발굴에서는 대형 고총고분을 비롯한 120여 기의 무덤에서 5000점 이상의 유물이 쏟아져 당시 언론에서는 연일 이 자료를 보도하기에 바빴다. 이로 인해 이 지역은 사적 제331호로 지정되었다.

영남대학교박물관에서는 이러한 발굴 경험과 공사로 노출되는 고분의 잔해를 통해서 볼 때, 봉분이 남아있지 않은 지역에도 고분들이 분포되어 있으니 이 지역에 대한 조사도 공사에 앞서 시행되어야 한다고 계속 주장하였다. 그러나 나머지 사업지구 내에서는 공사 중 유구나 유물이 출토될 때 적법한 절차에 따라 유물을 습득한 후 공사를 계속하라는 당국의 결정이 있었고, 이에 따른 공사가 강행되어 유구와 유물의 파괴는 계속되었다. 큰 중장비로 삭토 작업을 진행하는 과정에서 고분을 찾는다는 것은 거의 불가능한 일이었지만, 절토된 단면상에는 고분의 잔해가 여전히 노출되고 있었다.

박물관에서는 이와 같이 공사가 계속 강행되면 고분들은 형체도 없이 파괴된다는 점을 수차례에 걸쳐 강조하였다. 결국 이러한 항의가 일부 수용되어 1989년 10월부터 1990년 6월까지 조영동고분군의 인접 지역과 공사로 유구가 노출되어 있는 지역을 주 대상으로 발굴조사가 실시되었다. 이 조사에서는 206개의 분묘에서 100여 구의 인골이 확인되었으며 2500여 점의 유물이 출토되었다.

이후 1990년대에 들면서 국토개발에 앞서 문화재조사가 선행되어야 한다는 인식이 생기기 시작하였고, 한국토지개발공사에서는 임당지역 택지개발사업지구 전체에 대한 시굴조사를 의뢰하였다. 영남대학교박물관에서는 1993년 4월부터 10월까지 이에 대한 시굴조사를 실시하게 되었다.

이 시굴조사 결과에 따라 (재)영남문화재연구원에서는 1995년 7월부터 1997년 10월까지 3차에 걸쳐 FⅠ·FⅡ·G·H지구에 대한 발굴조사를, (재)한국문화재보호재단에서는 1995년 9월부터 1997년 3월까지 2차에 걸쳐 A지구~E지구, A-Ⅰ·Ⅱ지구에 대한 발굴조사를 실시하였다. 그리고 2005년부터 현재까지 (재)성림문화재연구원과 (재)영남문화재연구원, (재)계림문화재연구원 등에서 신대리와 임당I지구, 임당동, 대동, 부적리 등에 대한 발굴조사를 실시하였다.

임당지역 고분군은 오랜 세월동안 도굴과 파괴의 아픔을 당하였다. 가장 먼저 좁은 지역에 많은 수의 무덤이 축조되면서 앞선 무덤을 파괴하기 시작하였고, 경작지의 확장과 민가가 들어서면서 고분은 계속해서 파괴되었으며, 도굴로 인해 무덤은 뚫리고 유물들은 흩어지게 되었다. 최근 농경지 정리와 도시개발사업이 진행되면서는 중장비가 투입되어 많은 수의 유구들은 눈으로 확인할 겨를도 없이, 그 존재조차도 알려지지 않은 채 깡그리 파괴되기에 이르렀다.

그나마 다행히도 이러한 유적 파괴에도 불구하고 유구의 바닥에 남아있거나 도굴꾼의 손에서 살아남은 것들이 상당수 있어 고대 압독국

사람들의 삶의 흔적을 그려낼 수 있다. 비록 지금 내가 그 동안의 발굴과 이 많은 유물 때문에 이렇게 일을 하고 이 일을 통해 행복한 일상을 살고 있지만, 지난 30여 년의 발굴의 기록을 살펴보면서 이들을 지켜주지 못한 마음에 미안함이 앞선다.

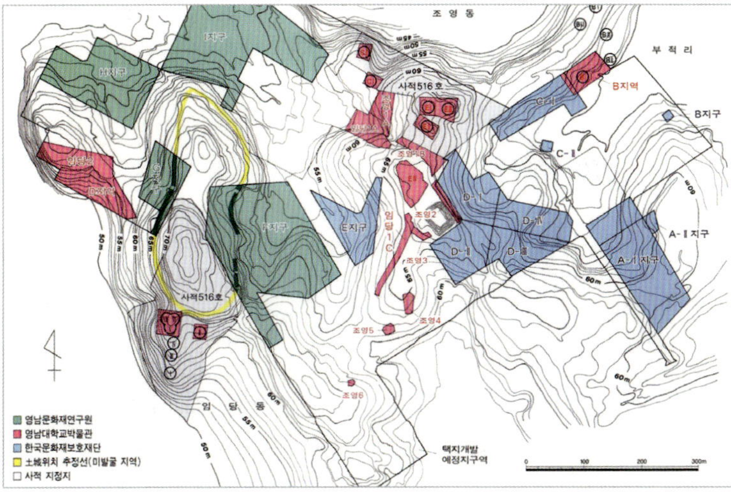

임당유적 발굴조사 구획도

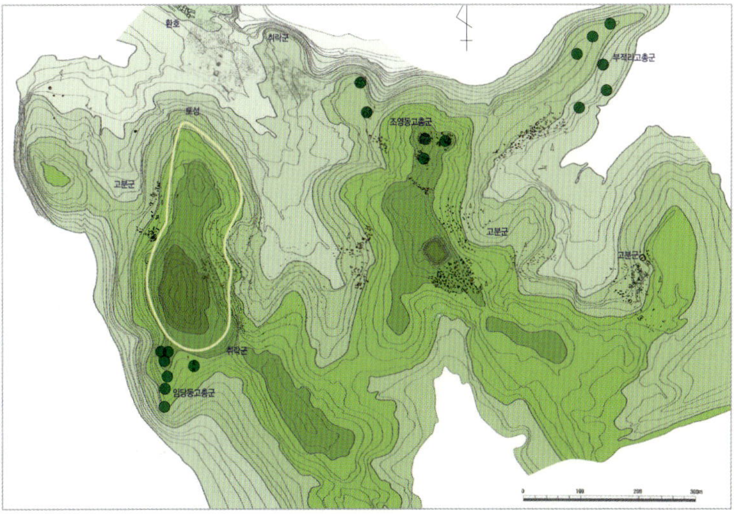

임당유적 유구 배치도

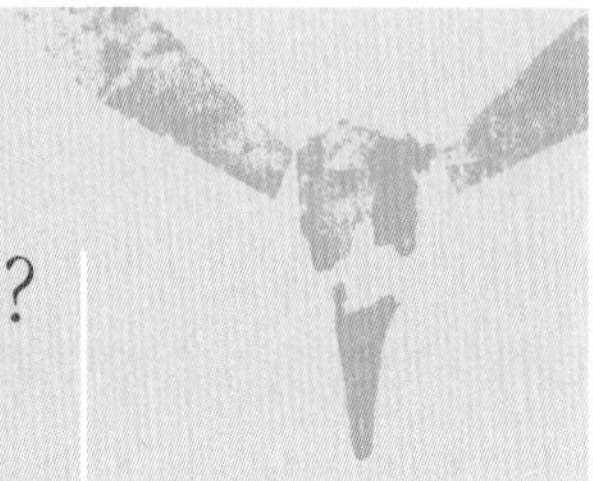

압독국이라는 나라도 있었어? 처음 들어보는데…

황종현 경산시립박물관 학예연구사

● 압독국과 압독국 유적 둘러보기

경산시립박물관을 찾는 관람객들에게 압독국押督國에 대해 설명하면 다들 '압독국이라는 나라가 뭐예요? 학교 다닐 때 고구려·백제·신라·가야는 들어봤어도 압독국은 처음 듣는데요…'라며 고개를 갸우뚱하는 반응들이다. 오히려 초등학생들은 교과서에 실린 '우리고장 알기'를 통해 배워서인지 압독국이라는 나라가 경산에 있었다는 사실은 알고 있었다. 그렇다면 과연 압독국은 어떤 나라였을까? 압독국의 성립에서 소멸까지의 개략적인 과정을 살펴보도록 하자.

압독국은 지금의 경상도 지방에 분포하고 있었던 진한 12개국 중 하나였을 것으로 보이지만 『三國志』에 기록된 나라 이름에 '압독' 혹은 '압량'은 보이지 않는다. 반면 12세기에 편찬된 『삼국사기』에는 '압독국' 혹은 '압량소국'이 여러 곳에서 확인된다. 이는 진·변한시기에는 '압독국'이라 불리지 않고 다른 국명이 있었으나, 4세기쯤 이 지역이 신라에 의해 복속된 이후에 붙여진 이름이 바로 '압독'이라는 견해가 있다. 아무튼 지금도 임당유적이 위치하는 지역 일대가 행정구역상 '압량면'으로 남아

있으며, 압독국이 경산에 위치했던 것에는 이견이 없다.

단위 정치체인 '국國'이 성립되는 시점을 원삼국시대(삼한시대) 널무덤木棺墓이 조영되기 시작하는 기원전 2~1세기를 전후한 시점으로 본다면 압독국 또한 이즈음에 진한의 한 소국으로 경산지역에 터를 잡았다고 볼 수 있다. 이 시기의 중심지는 임당유적과 신대리유적의 널무덤과 환호環濠의 발굴성과로 볼 때 임당구릉 일대였을 것으로 보인다. 압독국 성립단계에는 구심력이 그다지 크지 않은 여러 개의 촌으로 구성된 사회조직이었다가 점점 세력이 커진 하나의 마을이 구심력을 가지는 중심촌으로 발전한 것으로 추정된다.

덧널무덤木槨墓을 사용하던 기원후 2세기에서 3세기까지는 규모가 크고 구심력이 강해진 대촌大村으로 발전하여 이전 널무덤단계에 비해 사회조직이 한층 분화되었을 것으로 보인다. 기원후 3세기의 상황을 전한 『삼국지』 위서 동이전 변진조에 '큰 나라는 4000~5000호나 되고, 작은 나라는 600~700호가 되어, 총4~5만 호가 된다'는 기록을 통해 당시 국의 규모를 대략 짐작할 수 있다. 다만 구체적인 압독국의 영역을 찾기에는 다른 지역과 차별되는 독특한 고고학적 실체가 명확하지는 않다.

영남지방의 고고학적 성과나 고대사학계의 연구에 의하면 기원후 4세기를 전후해 압독국은 신라에 의해 복속되었으나 약 200년간은 지역의 수장층들이 자치권을 보장받아 지역을 다스리는 이른바 '간접지배' 정치체제하에 놓여 있었다. 신라의 마립간麻立干기에 해당하는 이 시기 동안 압독지역에서는 지역 수장층들이 신라의 든든한 후원으로 귀금속제 위세품을 독점적으로 소비했으며, 자신들만의 권위와 영역을 과시하는 대형 무덤高塚을 축조하였다. 또 대규모 토기생산 공단을 조성하고 생산된 압독토기를 소비하고 유통시켰으며, 금호강과 오목천에 의해 형성된 충적평야를 농지로 활용하여 농업생산력을 높이고 방어시설인 토성도 축조하는 등 신라의 고대국가 형성에 한 축을 담당한 지방사회로서 발전된 면모를 보였다.

서쪽에서 본 임당유적 전경(2008년, 영남문화재연구원 제공)

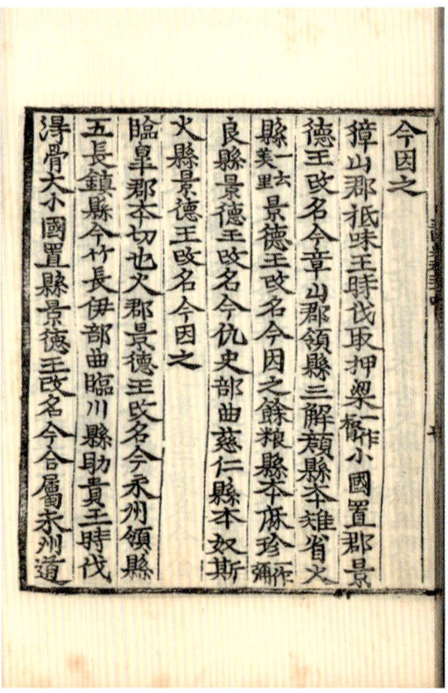

今因之
獐山郡祇味王時伐取押梁(一作督)小國置郡景
德王改名今章山郡領縣三解顔縣本雉省火
縣(一云美里)景德王改名今因之餘粮縣本麻珍(一作彌)
良縣景德王改名今仇史部曲慈仁縣本奴斯
火縣景德王改名今因之
臨皐郡本切也火郡景德王改名今永州領縣
五長鎭縣今竹長伊部曲臨川縣助賁王時伐
得骨火小國置縣景德王改名今合屬永州道

삼국사기 지리지 장산군

이후 6세기 전반에는 신라의 주군현제州郡縣制의 시행과 함께 압독군押督郡, 압량주押梁州로 바뀌어 신라 중앙에서 지방관이 파견되었다. 삼국통일전쟁이 활발할 때는 지리적인 위치 때문에 김유신과 김인문이 압량주의 군주 또는 총관으로 파견되는 등 군사적 요충지였다. 이후 8세기 중엽 신라 경덕왕 때(757년) 장산군獐山郡으로 바뀌면서 '압독'이라는 이름이 공식적으로는 사라지게 된다.

● 타박타박 걸어서 압독 유적여행

압독국과 관련된 유적은 그 가치에 비해 세상의 주목을 크게 받지 못한 점이 있다. 특히 압독국의 중심지로 밝혀진 임당유적은 2만 5000여 점의 유물이 출토되어 고대 압독국의 실체를 밝힐 수 있는 실마리를 제공해준 핵심 유적이다. 그렇지만 유적은 사적으로 지정된 일부를 제외하고는 대부분 택지개발로 인해 소멸되었으며, 아직 공개되지 못하고 있는 유물이 있을 정도로 유적의 보존과 활용에 대해서는 아쉬움이 많다. 부산의 복천동 고분군이 발굴 후 유적 전체가 사적으로 지정되고 고분공원과 복천박물관이 세워진 것과 너무 대조적이다.

임당유적에서 발굴된 무덤은 시간의 흐름에 따라 널무덤·덧널무덤·고총·널방무덤石室墓 순으로 변화하였으며, 특히 5세기경에 만들어진 대형고분에서는 다양한 토기와 철기를 비롯하여 금동관·금동관식·은제허리띠·고리자루칼環頭大刀 등 최고지배자를 상징하는 유물이 출토되어 주목된다. 이러한 무덤 주인의 권력을 상징하는 위세품은 경주의 신라 귀족들의 고분에서 출토된 것과 유사한 것인데, 이는 압독국이 신라와 밀접한 관계 속에서 성장하였음을 말해주는 결정적인 증거다.

또 임당유적의 가치가 더욱 소중한 이유는 고분뿐만 아니라 압독사람들의 당시 생활 모습을 유추해 볼 수 있는 다양한 생활유적이 함께 발굴되었다는 점이다. 특히 압독국의 타임캡슐이라 할 수 있는 저습지에서는 나무로 제작된 나막신·컵·국자·그릇·빗·뼈바늘 등 일상생활 용구, 길흉을 점칠 때 사용한 복골卜骨, 철제 갑옷을 만들 때 본으로 사용한 갑옷틀 등 그들의 생활문화, 신앙체계 등을 엿볼 수 있는 다종다양한 유물이 출토되어 흥미롭다.

압독국 하면 떠오르는 유적은 임당유적이다. 하지만 압독국과 관련된 유적이 임당유적만 있는 것은 아니다. 많은 이들에게 잘 알려져 있지 않지만 임당유적 못지않게 소중한 유적들을 소개한다. 먼저 당시 압독국의 범위가 어느 정도였는지를 살펴보아야 할 것 같다.

구체적으로 압독지역의 영역을 유추해 볼 수 있는 시점은 고총의 분포가 명확하고 어느 정도 고고학적 성과가 정립된 신라 마립간기다. 『삼국사기』 지리지 장산군조에는 경덕왕이 개명하기 전의 현 이름으로 치성화현, 마진량현, 노사화현이 보인다. 이를 마립간기 즉 신라에 의해 간접지배를 받던 4~5세기의 상황으로 볼 수 있다는 견해가 있다. 고분의 분포와 연결하면 중심 읍락이었던 임당유적을 포함하여 각각 지금의 대구 불로동 고분군, 진량의 신상리 고분군, 자인의 북사리 고분군에 대응시킬 수 있다.

또한 압독국의 토기생산유적으로 밝혀진 시지지구도 압독국의 영역에 포함된 중요한 유적이다. 결국 압독국의 최대 범위는 국읍國邑인 임당유적을 중심으로 과거 경산군 전체(대구에 편입된 고산, 안심 포함)와 대구광역시 불로동 일대까지를 포함했을 것으로 볼 수 있다.

● 불로동 고분군

행정구역상 대구광역시 동구 도동에 속하며, 지리적으로는 팔공산의 환상산맥 가운데 하나인 문암산(해발 426m)에서 남쪽으로 뻗은 능선의 끝자락에 분포한다. 고분군은 지표상에서 확인된 고분만 200여기에 달하며, 지금까지 일제강점기에 해안 1·2호분 2기, 1963~64년 사이에 경북대학교 박물관에서 갑·을호분 2기, 2002년 경상북도문화재연구원에서 91호분, 93호분 2기가 조사되었다. 최근에는 영신중·고등학교 부지 및 이시아폴리스 조성부지에 대한 조사에서도 많은 고분과 생활유적이 발굴조사 되었다.

● 신상리 고분군

압독국의 중심 고분군인 임당유적에서 동북쪽으로 약 7㎞정도 떨어진 진량읍 신상리 일대에 위치하는 고분군이다. 경부고속도로를 건설하는 과정에서 고분군의 많은 부분이 파괴되었다. 지난 2003년 경부고속도로를 확장하면서 이 구간에 대한 발굴조사와 주변 봉토분에 대한 정비가 이루어졌으며, 발굴된 고분 몇 기를 원형으로 복원하여 현장에 전시하고 있다. 경부고속도로 경산휴게소에서 고분공원으로 활용하고 있으니 휴게소에 들러 한번 둘러보면 색다른 경험을 할 수 있다.

신상리 고분 공원 전경

● 자인 북사리와 교촌리 고분군

압독국 당시 노사화현의 중심고분군으로 짐작되는 유적으로 자인면 북사리와 교촌리 일대에 분포한다. 북사리 고분군은 1969년 영남대학교 박물관에 의해 3기가 발굴조사 되었으며, 은제허리띠, 고리자루큰칼, 금동제 말갖춤 등이 출토되었다. 교촌리 고분군은 지난 1996년 대구한의대학교 박물관에서 조사하였는데, 원삼국시대 널무덤·삼국시대 덧널무덤 등 70여기가 확인되었으나 아쉽게도 유적은 보존되지 못한 채 자인공단이 들어섰다.

● 욱수동 토기가마 유적과 노변동 고분군

출토 유물 중 가장 많은 수를 차지하는 것은 토기다. 이 많은 토기를 어디에서 만들었을까?

임당유적에서 서쪽으로 4km 떨어진 대구 욱수동과 경산 옥산동이 만나는 능선 끝자락에서는 압독국의 토기를 굽던 대규모 가마터가 발굴되었다. 여기에서 발굴된 유물과 임당유적에서 출토된 토기의 형태가 거의 유사하다. 그래서 욱수동·옥산동 유적은 압독국에서 소비되는 대부분의 토기를 전업적인 장인집단이 생산하여 공급하는 일종의 '토기산업단지'였다고 할 수 있다.

이 유적에서는 약 40여기의 토기 가마가 발굴되었으며, 토기 생산 조업기간은 대체로 4세기 후엽부터 6세기 초엽까지 100년이 넘는 기간 동안으로 판단된다. 이 기간은 압독국의 고총이 조영되던 시기와 일치하며 분묘의 매장의례에서 많은 양의 토기를 부장하는 시기이기도 하다. 압독국의 수장층은 토기 수요가 급증하자 계획적으로 시지지구에 토기생산을 위한 '산업단지'(토기 가마, 토기 제작 공간, 도공들의 주거지 등)를 조성하고 토기생산과 유통에 깊이 관여한 것으로 보인다.

지금 시지 아파트단지가 들어선 곳에서는 토기를 굽던 도공들이 살던 집터와 공방터 등이 발굴되었으며, 노변동 능선에서는 그들의 것으로 보이는 고분 1500여기도 발굴되었다. 현재 이곳에는 일부 고분이 복원되어 유적공원으로 조성되어 있다.

대구 노변동고분군과 사직단 전경

경산 옥곡동에 청동기시대 마을이 있었대!

박종섭 한국문화재재단 조사연구실장

경산시민 중 경산시내에서도 옥곡동에 청동기시대 대규모 마을유적이 존재한 사실을 알고 있는 사람은 몇이나 될까?

마을유적이 있었던 자리는 현재 신도시화가 되었으며, 조사가 이루어진 지도 10여년이 지났으니 아는 사람이 흔치 않을 것이다. 물론 경산시립박물관을 관람하였거나 현지에 조그맣게 조성된 유적공원을 둘러보았으면 대강은 알 수도 있겠지만, 대부분의 시민은 현대의 바쁜 일정 속에 살아가다보면 이쪽으로 관심을 기울이기가 힘들고, 또한 무심코 스쳐 지나가기가 쉽기 때문에 제대로 알고 의미를 찾는 사람은 드물 것이다.

그러나 드러난 유적의 실상을 알고 현재 우리가 새롭게 도시를 조성하여 생활하는 이곳이 바로 3000년 전 청동기시대 우리 조상들도 살았던 삶의 터전임을 곰곰이 되새기다 보면 수천 년이 지났지만 면면히 이어져 온 핏줄의 영속성과 함께 우리 고장과 우리 국토를 잘 보존하여 자손만대 물려주어야 한다는 애향심과 애국심마저 일깨워지지는 않을까?

마을유적은 현재 새롭게 도시화된 경산 서부지구내에 수천 년(2500~3000) 동안 땅속에 자리 잡고 있다가 서기 2000년 당시 한국토지공사(현 한국토지주택공사)가 택지개발사업을 추진하기에 앞서 문화유적 보존차원에서 실시한 문화재 지표조사·시굴조사·발굴조사를 거치면서 순차적으로 드러나게 되었다. 문화재조사는 한국문화재보호재단이 담당하였는데, 처음 유적이 존재할 가능성을 예시한 것은 벌판 한가운데에 청동기시대 이곳에 살았던 한 사람의 무덤이라 할 수 있는 고인돌 1기(현재 서부지구 선사유적공원 내 처음 발견된 위치에 그대로 놓여 있음)가 그 자리를 지키고 있었기 때문이다. 이후 고인돌이 입지한 지리적 환경을 살펴 주변 지역에 대한 시굴조사를 한 결과 많은 유적이 존재함을 확인하고, 본격적인 발굴조사를 2001년 10월부터 2003년 12월까지 진행하였다.

지표조사 당시 고인돌(2000년 4월)

조사결과, 청동기시대 마을을 이루었던 집터가 277동, 집터와 관련된 작업장 및 저장시설 등 68기와 함께 집터에 살았던 사람들의 무덤이라 할 수 있는 고인돌支石墓 1기와 돌널무덤石棺墓 9기가 드러났다. 그리고 청동기시대 이후에 해당하는 원삼국시대(原三國時代: 기원전 3세기~기원후 3세기)

의 널무덤木棺墓 6기와 독무덤甕棺墓 6기를 비롯하여 고려~조선시대의 건물지와 우물지 등 잔존물들도 많이 확인되었다.

고인돌 하부 돌널무덤 내부 모습

이처럼 청동기시대 마을유적을 비롯하여 고려·조선시대에 이르기까지 삶의 터로 계속 활용된 것은 사람이 살기에 좋은 환경이기 때문이다. 이곳의 자연 지리적 환경을 살펴보면 요즈음 많은 등산객들이 올라가고 있는 성암산聖岩山 정상에서 동쪽 아래로 내려다보면 한눈에 들어온다. 성암산 정상부에서 동쪽으로 뻗어 내려가는 여러 구릉과 계곡, 그리고 경산시내를 가로질러 흘러들어가는 남천南川 사이에 형성된 비옥한 충적평야지대가 넓게 형성되어 있는 곳이다. 이는 소위 말하는 배산임수형背山臨水形의 지형으로 일조량과 수량이 풍부하여 옛날부터 취락이 입지하기에 매우 적합하였으며, 토지가 비옥하여 농경지로 사용되기 매우 좋은 조건이라 할 수 있다.

성암산 정상에서 바라본 개발전 서부지구(2000년 4월)

청동기시대부터 여러 시기에 걸쳐 유적이 확인되었지만 중심유적은 청동기시대 마을유적이라 할 수 있다. 전체 택지개발면적 29만 5000㎡ 중 마을유적이 약 6만 7669㎡ 정도로 매우 넓게 분포하고 있었다. 지금은 택지개발로 옛 지형을 알 수 없지만, 택지개발 전에는 남천변을 따라 자연제방이 길게 형성되어 있었으며, 이 자연제방 서쪽에 마을유적이 띠(너비 약 100m) 모양으로 길게 열을 지어 확인되었다. 즉 현재의 서부지구 입구(북쪽 끝)에서 남쪽 끝까지 중앙도로(경산로)를 따라 좌우측편으로 넓게 분포하고 있었다.

옥곡동 마을유적의 집터는 우리나라 전역에서 확인되는 청동기시대의 움집과 같은 형태였다. 움집은 땅을 파서 생활면을 만들고 지붕을 씌운 것을 말한다. 우리나라 움집은 지금까지의 발굴 자료로 볼 때 신석기시대부터 보편화되었다. 움집은 땅을 파고 바닥면을 만들기 때문에 추운 겨울이나 더운 여름에도 외부 온도 변화에 잘 적응할 수 있는 주거 형태이다. 발굴로 드러난 움집은 지붕과 이를 받친 벽체와 기둥은 대부분 없어지고 하부 생활면인 구덩이와 기둥자리, 화덕자리, 저장자리, 그 당시 사용하였던 토기·석기 등 무기질無機質 유물만 남아있다. 그러므로 상부 구조는 구덩이 형태와 기둥자리 배치 등을 통해 추정할 수밖에 없다.

3구역(서부지구 남쪽 끝) 청동시시대 집터 분포 전경

신석기시대 움집은 생활면의 평면형태가 원형圓形, 방형方形이며, 벽 쪽으로 기둥자리가 4~7개 정도 남아 있는 것이 많다. 이를 기준으로 지붕 모양을 복원하면 기둥머리에 도리를 걸고 그 도리에 서까래를 중앙으로 향하게 경사지게 지면까지 걸치고, 그 위에 나뭇잎이나 풀로 덮은 원추형이나 사각추형의 모습을 추정할 수 있다. 이에 비해 청동기시대 움집은 더욱 다양한 형태로 만들어진다. 생활면의 평면형태가 장방형長方形, 방형方形, 원형, 타원형 등으로 다양하다. 이중에서도 가장 대표적인 형태는 장방형으로 신석기시대보다 주거 면적이 훨씬 크다. 장방형 평면을 따라 2열로 배열된 기둥구멍들이 많이 확인된다. 수직 벽체가 생김으로써 지붕의 형태도 벽체와 분리되면서 맞배나 우진각지붕 모양으로 발전한다. 이를 반움집이라고도 하며 지상주거로 발전하는 중간단계라 할 수 있다.

3구역 A39호 청동기시대 집터(길이 12.45m, 너비 4.5m)

옥곡동 청동기시대 집터 내 출토 토기

옥곡동의 청동기시대 마을유적의 집터는 대부분 반움집으로 생활면이 장방형, 방형, 원형 등 다양한 형태로 확인되었는데, 이중 장방형이 3분의 2 정도로 가장 많은 수를 차지한다. 내부 생활공간의 면적은 70㎡의 초대형급에서 40㎡의 대형, 20~40㎡의 중형, 20㎡ 이하의 소형 등 당시 사용하였던 사람들의 신분이나 용도에 따라 다양하게 확인되었다. 물론 중형급이 가장 많다. 집터 내에서 확인된 유물은 청동기시대의 대표적인 토기인 무문토기류(대부분 무늬가 없지만 아가리를 중심으로 사선, 구멍 등 새김무늬도 있음)와 돌칼石劍·돌도끼石斧·돌화살촉石鏃·반달모양돌칼半月形石刀 등 석제품과, 그리고 가락바퀴紡錘車 등 토제품으로 약 1670여점 가량이다.

옥곡동 청동기시대 집터 내 출토 석기

이와 같이 옥곡동 청동기시대 마을유적은 지금으로부터 약 2500~3000년 전 우리 조상들이 큰 마을을 이루고 생활하였던 삶의 터전으로 매우 소중한 유적이다. 더구나 경산지역에서는 처음으로 확인된 대규모 마을유적이면서도 우리나라 청동기시대 어느 유적과 비교해도 모자람이 없다고 하겠다. 앞으로 이 고장의 자랑거리이자 우리나라 청동기시대의 문화상을 밝히는데 중요한 유적이라 할 수 있다.

압독국 성립전야

김광명 경북문화재연구원 조사연구실장

● 지석묘로 본 압독국 성립 전야

경산지역 일대를 기본 영역으로 하던 고대 정치체인 압독국은 문헌기록에 의하면, 서기 102년 신라(파사니사금)에 복속된 것으로 알려져 있다. 그렇다면, 압독국은 적어도 서기 102년 이전에는 존속하고 있었던 고대국가라는 사실이 입증될 수 있을 것이다. 고고학적으로 이 시기(기원전후한 시기)에 나타나는 묘제는 목관묘木棺墓가 중심을 이루고 있다. 이러한 고고학적인 현상은 영남지역에서 공통적으로 나타나는 현상이다.

지금까지의 연구 성과를 검토하면, 목관묘라는 묘제는 기원전 2세기대부터 출현하는 것으로 확인되고 있는데, 경산지역에서는 임당유적에서 발굴된 FⅠ-42호 목관묘(기원전 2세기 전반대)가 가장 이른 시기에 축조된 것으로 밝혀졌다. 그리고 이 목관묘 단계 이전에 나타나는 묘제는 통상 청동기시대의 지석묘 또는 석관묘로 알려져 있다. 그렇다면, 경산지역에 압독국이 들어서기 전 또는 들어설 당시의 경산지역의 기층민들이 사용하던 묘제는 지석묘가 분명하다 하겠다.

따라서 압독국이라는 고대 정치체가 출현하기 이전에 경산지역에 터를 이루고 살았던 사람들은 지석묘를 주묘제로 사용하던 집단이었고,

이들 기층민들이 압독국을 만드는데 주요한 역할을 담당하였다고 보는 것이 합리적일 것이다.

그렇다면, 압독국 성립 이전 경산지역의 고대 정치체는 과연 무엇인지 의문이 가지 않을 수 없다. 지금까지의 고고학적 연구 성과를 살펴보면, 경산지역에 압독국이 성립하기 이전에 존재했던 정치집단은 지석묘를 주 묘제로 사용하던 지석묘 축조집단이었던 것으로 밝혀지고 있다. 한반도에서 청동기시대의 대표적인 묘제는 지석묘로 알려져 있고, 이밖에 석관묘, 옹관묘, 토광묘 등이 있다. 이 가운데에서도 역시 지석묘가 가장 많은 수를 차지하고, 또 가장 넓은 영역에 걸쳐서 존재하고 있음이 확인되었다. 지석묘는 지표상에 거대한 암괴가 노출되어 있어 쉽게 그 존재를 확인할 수 있는 장점이 있기도 하지만, 80년대 이후 각종 사회기반시설 건설사업으로 인해 많은 수의 지석묘가 사라진 것도 사실이다. 경산지역의 지석묘 역시 90년대 들어 각종 개발사업과 대규모 주택단지 건설 등으로 인해 점차 그 숫자가 현격하게 줄어들고 있는 실정이다.

● 용성지역 148기 최다 분포

경산지역의 지석묘는 필자가 조사한 바에 따르면, 총 253기가 분포(1995년 기준)하고 있었던 것으로 확인되었다(2001년, 대구·경산지역의 지석묘 연구, 영남대학교 석사학위논문). 그러나 이러한 지석묘 수치는 경산지역에 수십년간 거주하던 마을 주민들의 여러 증언을 고려하면, 적어도 300기는 넘었던 것으로 추정된다. 경산지역의 지석묘 수량은 경북내륙지역에서 청도와 더불어 가장 많이 분포하는 것으로 확인되어 지석묘 사회에서 경산지역의 위치를 가늠해 볼 수 있는 좋은 자료가 된다.

경산지역의 지석묘 분포현황을 지형과 수계 등을 고려하고, 또 지금의 행정구역을 감안하여 세분하면, 고산지역 지석묘군 24기, 남천지역 지석묘군 19기, 자인지역 지석묘군 22기, 남산지역 지석묘군 40기, 용성지역 지석묘군 148기로 구분할 수 있다. 여기에서 보듯이 용성지역이 여타 지역보다도 훨씬 더 많은 지석묘가 분포하고 있음을 알 수 있다. 이러한 이유는 발굴조사가 이루어지지는 않았지만, 당시 용성이라는 작은 분지지역이 지석묘를 축조하던 사람들이 가장 선호하던 지형이었을 것으로 추정되기도 하고, 이러한 지형적인 조건으로 인해 지석묘의 최후단계까지도 지석묘인들이 생존하던 지역이었을 것으로 추정하고 있다.

● 청동기대 700년에 걸쳐 축조되다

위의 지석묘군 가운데 발굴조사가 이루어진 유적은 고산지역(현 대구 수성구 신매·매호·시지·욱수동 일원) 지석묘와 삼성리 지석묘, 옥곡동 지석묘 등이다. 고산지역 발굴조사결과 40여 기의 다양한 지석묘 매장주체부가 확인되었으며, 출토 유물은 마제석검, 마제석촉, 홍도호, 관옥 그리고 간혹 청동기류가 있다. 이와 더불어 청동기시대의 가장 이른 시기에 해당하는 주거지도 발견되어 주목을 끌고 있다. 경산 삼성동의 지석묘에서도 역시 지석묘 상석 하부에서 매장주체부와 마제석검 등이 출토된 바 있다. 그리고 경산 옥곡동 유적에서는 대규모 청동기시대 주거지와 동시기의 무덤이 발굴되기도 하였다. 이와 같이 경산지역은 압독국 출현 이전에도 청동기시대의 이른 시기부터 지석묘를 축조하던 사람들이 수백년간 터전을 이루고 살아왔으며, 이 기층민들이 기원전후한 어느 시기에 압독국을 건설하게 되고, 계속해서 그 후손들이 임당지역의 고총들을 축조한 것으로 볼 수 있다.

아직까지 경산지역의 지석묘에서 청동유물이 출토된 예는 확인되지 않았다. 지석묘에서 청동유물이 출토된 경우는 주로 호남지역을 비롯하여 한반도 남해안지역을 중심으로 확인되고 있다. 이러한 예는 청동기시대 당시 내륙지역 지석묘인들의 문화가 해안지역의 그것들과는 전혀 다른 성격을 지니고 있었던 것으로 해석할 수 있을 것이다.

그렇다면 경산지역 지석묘의 축조연대는 어떻게 될까? 지금까지 출토된 유물들에 근거하여 살펴보면, 먼저 가장 빠른 시기에 축조된 것으로 알려진 시지 Ⅰ-3호 지석묘와 시지 Ⅰ-8호 석관묘를 들 수 있다. 여기에서 출토된 마제석검과 홍도호 등 유물들의 형식은 고고학계의 연구 성과를 고려하면, 대략 기원전 8~7세기대로 편년되고 있다. 그리고 지석묘 축조의 가장 마지막 단계에 축조된 것으로 알려진 매호Ⅱ-3호 석곽묘는 출토유물로 보건데, 기원전 2세기대로 편년될 수 있다. 그렇다면, 경산지역의 지석묘는 대략 700년 동안에 걸쳐 축조된 것으로 추정이 가능하다. 이후 경산 임당지역 고총군이 분포한 곳에 이주민의 묘제인 목관묘의 축조가 시작되면서, 지석묘 축조집단과 목관묘 축조집단은 서로 영역을 공유하거나 혹은 서로 다른 지점에 거주하면서 일정 기간 공존하게 된다. 이들 서로 다른 두 집단이 서로 영역을 차지하기 위해 전쟁을 벌이거나 다툰 흔적은 보이지 않아 아마도 호의적인 관계를 지속했던 것으로 추측된다.

아직까지 경산지역에서 지석묘가 지정문화재로 관리되고 있는 예는 없다. 또한 발굴조사를 거쳐 이전 복원되어 정비된 유적도 없는 실정이다. 다만 영남대학교 박물관 야외전시장에 1990년대 발굴 조사된 고산지역의 지석묘 상석 일부를 이전하여 전시하고 있는 정도이다. 대구의 경우 진천동 입석유적이 유일한 예다. 지석묘는 상석이 지표상에 노출되어 있어 각종 개발이나 경작 등으로 인해 언제라도 훼손될 가능성이 매우 높은 유적이다. 경산지역에 분포하고 있는 지석묘는 분명히 우리의 먼 선조들이 만든 기념비적인 유적이라 할 수 있으므로 한시바삐 보존정비를 서둘러야 하는 이유도 바로 여기에 있다.

경산지역 지석묘와 지석묘 출토 유물

진한소국을 알면 압독국이 보인다

전영권 대구가톨릭대학교 지리교육과 교수

● 삼한의 성립

삼한의 성립과정과 삼한을 구성했던 소국과 관련한 자료는 드물다. 또한 믿을만한 자료 역시 부족하여 삼한시대에 대한 역사적 기술은 추정에 의존하는 경우가 대부분이다. 원삼국시대로도 불리는 삼한시대는 대략 기원 전·후에서 3세기경으로 보는 견해가 많으나 이것 역시 명확하지는 않다. 삼한시대와 관련하여 알 수 있는 우리나라 역사서로는 『삼국사기』, 『삼국유사』등과 중국의 『삼국지』, 『후한서』, 일본의 『일본서기』 등이 있으나 소국의 이름조차 각각 다르게 나타나 혼란스럽다. 특히 삼한의 발달과정에 관한 『삼국지』위서동이전 한조의 기록과 『삼국사기』의 내용을 비교하면 역사적 기술내용이 많이 달라 일반화하기가 쉽지 않다. 다만 『삼국사기』를 토대로 여러 가지 역사적 사실을 추정하여 보면 삼한의 시작은 중국을 통일한 한나라의 무제가 기원전 108년 고조선을 침공하면서 비롯된다고 볼 수 있다. 즉 한의 침공을 받은 고조선의 유민들이 남쪽으로 이동하여 한반도 남쪽에 살고 있었던 토착민들과 융합하는 과정에서 삼한시대가 열리게 된 것으로 판단된다. 일설에는 중국 대륙에서 바다로 건너온 이주민도 일부 합류하였다고도 한다.

● 삼한의 체제와 생활상

3세기 후반에 저술된 『삼국지』위서 동이전 한조에 보면, 삼한의 위치와 소국의 사회상에 관해 다음과 같은 기록이 있다. '한韓은 대방 남쪽에 위치한다. 동과 서는 바다에 면해 있고, 남은 왜와 접하는데, 사방이 4천리나 된다. 한의 종족은 마한, 진한, 변한 등 3종족으로 구분된다. 마한은 서쪽에 위치하며, 정착생활을 한다. 종자를 심고, 뽕나무를 재배하여 누에를 칠 줄 알고 비단 베를 짠다. 읍락마다 우두머리가 있는데, 최고 수령은 스스로를 신지, 다음 수령은 읍차로 칭한다. 원앙국, 백제국, 월지국을 비롯해 54개의 소국이 존재한다. 산과 바다 사이에 흩어져 살고 성곽은 없다. 대국은 약 1만호, 소국은 수천호로 총 10만여호에 달한다. 마한의 동쪽에 위치하는 진한과 변한(변진)은 각각 12개 소국으로 이루어져 있다. 24개 소국에는 기저국, 불사국, 변진미리미동국, 변진접도국, 근기국, 난미리미동국, 변진고자미동국, 변진고순시국, 염해국, 변진반로국, 변(진)낙로국, 군미국(변군미국), 변진미오사마국, 여담국, 변진감로국, 호로국, 주선국(마연국), 변진구사국, 변진주조마국, 변진안사국(마연국), 변진독로국, 사로국, 우유국 등이 있다. 큰 나라는 4~5천 호, 작은 나라는 6~7백 호로 총 4~5만 호에 달한다. 진한에는 성곽과 목책이 있으며, 언어는 마한의 언어와 다르다. 변진에는 12개의 소국과 별개의 작은 읍락들이 존재한다. 읍락의 최고 우두머리를 신지, 두 번째 우두머리를 험측, 세 번째 우두머리는 번예, 네 번째 우두머리는 살해, 다섯 번째 우두머리는 읍차(일치)라 부른다. 토지는 비옥하여 오곡과 벼를 생산하기에 좋다. 누에를 쳐 실을 짜며, 소와 말을 사용할 줄 안다. 쇠金를 생산하여 한韓, 예濊, 왜倭 그리고 낙랑과 대방에도 제공한다. 물건을 사고 팔 때는 쇠로 지불하며, 중국인들이 사용하는 돈(화폐)과 같다. 사람들이 길에서 마주치면 상대방에게 길을 양보하는 것이 상례다. 변진은 진한과 섞여 살며 성곽도 있다. 언어, 풍속은 진한과 유사하나 귀신에게 제사를 지내는 방식은 다소 차이가 있다. 부엌은 집의 서쪽에 두며, 12개 소국에는 각각의 왕이 존재한다. 사람들의 신체는 크며 옷은 깨끗하고 머리는 길게 기른다. 폭이 넓고 올이 섬세한 베를 생산해 낸다. 법은 비교적 엄하다.' 한편 『삼국사기』, 『 삼국유사』의 기록에 나타나는 진한 소국으로는 감문국, 거칠산국, 골벌국, 다벌국, 비지국, 사벌국, 실직(실직곡)국, 압독국, 우시산국, 음집(즙)벌국, 이서국, 조문국, 초팔국 등으로 판단된다. 그러나 『삼국지』위서 동이전에 나오는 진한 소국과는 이름이 달라 비교하기가 쉽지 않다. 특히 인구수를 나타냄에 있어 소국의 규모가 클 경우에도 4~5천 가구에 불과해 인구 총수를 넉넉히 계산해도 3만 명을 넘지 않게 된다. 그러나 『삼국사기』에 보면 신라의 진한소국 시절의 국가명인 사로국에 해당하는 시기인 '지마왕 5년(116년) 8월에 병사와 더불어 장수를 가야국에 보내 침입하게 하고 지마왕 친히 1만에 달하는 병사를 거느리고 그 뒤를 이었다고.' 한다. 다시 말해 왕이 친히 거느리고 간 군사만 1만 명에 달할 정도면 전체 인구는 훨씬 많았을 것이다. 그런데도 가장 큰 소국의 가구 수를 4~5천 정도로 표현한 것은 자료에 대한 신뢰를 떨어트리게 할 뿐이다. 삼한시대에 대한 이러한 기록은 『삼국지』의 역사적 기록을 토대로 삼한시대를 해석하는 것이 합리적일 수 없다는 사실을 보여주는 것이라 하겠다. 예컨대, 중국의 역사 기록 방식은 자국의 경우를 제외하고는 얕잡아 보거나 소홀하게 취급하는 것이 일반적인 현상이다. 그러나 지금까지 밝혀진 자료를 토대로 추정해 볼 경우, 삼한시대 한반도 곳곳에 세력을 형성하며 살았던 소국의 규모나 사회생활상은 상당한 수준에 있었음을 알 수 있다. 다만 아쉬운 것은 당시의 우리나라 역사서가 남아 있지 않아 명확하게 주장할 수 없다는 사실이다. 그나마 고분 발굴 등에서 나오는 부장품이나 새로운 유적지 발굴 등을 통해 나타나는 역사적 사실들을 토대로 간접적인 추정을 할 수 있음에 만족해야 할 것 같다.

● 진한 소국

신라로 통합되기 전 진한 소국은 12개국으로 알려져 있으나, 정확한 숫자는 알기 어렵다. 관련 문헌을 토대로 진한 소국을 추정하여 보았고 각각의 소국에 대해 간략히 기술하였다.

감문국甘文國: 낙동강 지류 감천 중·하류 충적지에 형성된 감문국은 김천지역 최초의 소국으로 판단된다. 『삼국사기』와 『일본서기』기록에 의하면 어모국, 문무국, 배산국, 아포국 등이 있었던 것으로 전해진다. 조문국 왕자 김효가 세운 감문국을 231년(조분왕 2년) 신라의 석우로가 공격하여 신라 감문군으로 편제시켰다. 그때 왜의 히메고 여왕이 형제의 나라를 공격한 것에 대한 보복으로 232년, 233년 두 차례에 걸쳐 신라를 공격했다고 한다.

골벌국骨伐國: 영천시 완산동을 중심으로 이루어진 골벌국은 기원 전·후에 금호강의 비옥한 토양을 기반으로 성장했다. 『삼국사기』에 따르면, 236년(조분왕 7년) 2월 골벌국왕 아음부가 무리를 거느리고 항복해 왔고, 왕은 그들에게 집과 밭을 주어 편히 살게 하고 그 땅을 군으로 삼았다는 기록이 있다.

근기국勤耆國: 포항시 남구 오천읍 일대 냉천의 비옥한 충적평야를 기반으로 기원전 2세기 말~기원전 1세기 초에 형성돼, 신라 8대 아달라왕 때인 2세기경 신라에 복속되었다. 복속될 당시, 연오랑 세오녀 설화의 중심인 근기국의 일월日月숭배의 지배세력이 도기야 앞바다에서 일본으로 건너가 새로운 지배세력으로 성장했을 것이라는 견해가 있다.

달벌국達伐國, 다벌국多伐國, 비지국比只國, 초팔국草八國, 다라국多羅國: 기원전 1세기경 대구의 신천과 금호강 일대의 범람지를 중심으로 형성된 달벌국은 4세기 중엽 신라에 병합된 것으로 보는 것이 일반적인 설이다. 그러나 달벌국의 성립과 멸망에 대한 믿을만한 기록이 현재로서는 없다. 달벌국을 다벌국으로 보는 경우도 있고, 다벌국을 포항시 흥해읍으로 추정하는 설도 있다. 그런데 파사왕이 108년에 정벌한 소국으로는 다벌국, 비지국, 초팔국이다. 짧은 기간 내에 3개의 소국을 정벌하기 위해서는 최단 경로를 활용하는 것이 전략적으로 유리하다. 즉 초팔국이 경남 합천으로, 비지국을 경남 창녕으로 비정한다면 당연히 다벌국은 이들 소국과는 반대편에 위치하는 포항시 흥해읍보다는 동일한 경로 상에 위치하는 대구로 보는 것이 타당하나 이 역시 명확하지는 않다. 또한 261년(첨해왕 15년) 달성을 쌓고 신라에서 성주를 파견했다는 것은 그 전에 대구지역 일대는 신라의 영토에 복속됐다는 증거이므로 4세기 중엽 대구지역이 신라에 병합된 것으로 보는 설도 무리가 따른다. 한편 8세기에 간행된 일본 역사서 『일본서기』에는 다라국의 명칭이 보이는데, 다라국은 합천군 쌍림면 성산리 옥전고분 일대에 해당한다는 설이 지배적이다. 그렇다면 다벌국이 다라국일 수도 있다는 추정이 가능하다. 왜냐하면 비지국, 초팔국, 다벌국 모두가 인근지역에 모여 있어 규모가 작은 국가라면 신라의 동시 정벌이 가능하기 때문이다.

사로국斯盧國: 기원전 57년에서 935년에 이르는 992년간(1대 박혁거세~56대 경순왕) 왕조가 유지된 신라는 세계적으로도 보기 드물게 하나의 왕조가 천 년 이라는 긴 세월동안 유지돼 왔다. 대체로 3세기경 진한 소국들을 모두 병합했을 것이라 판단된다. 신라의 성장배경에는 형산강 유역의 비옥한 토지와 달천의 철광산지, 조문국·사벌국의 금광산지 점령과 더불어 해외 진출에 유리한 신라의 외항으로 개운포가 존재했기 때문일 것으로 판단된다. 또한 4~6세기 왕릉으로 추정되는 황남대총을 비롯해 5~6세기 고분으로 보이는 서봉총, 금관총, 금령총, 천마총, 등에서는 '로만 글라스roman glass'가 발굴되었다. 로만 글라스는 말 그대로 로마의 유리란 뜻으로 로마 제정시대부터 동·서로마로 분할되던 시기까지 로마제국에서 생산·유통되던 유리제품이다. 특히 유리병 입구가 봉황의 머리 모양을 하고 있어 붙여진 손잡이 달린 '봉수형(오이노코에, oinocoe) 유리병'은 동아시아에서는 유일하게 황남대총 남분에서만 발굴되었다. 이밖에도 보물 제635호로 지정된 '금제감상보검(황금보검)'이 6세기 초 고분인 미추왕릉지구 계림로 14호분에서 발굴된 것으로 볼 때, 동아시아의 어떤 국가도 상상하지 못했던 해상 실크로드를 신라는 이미 알고 있었을 것이라는 기분 좋은 상상을 해볼 수도 있다. 즉, 신라의 힘과 정보력이 우리의 상상력을 넘어서고 있었음을 알 수 있다.

사벌국沙伐國: 낙동강 일대 비옥한 토양과 풍부한 어획 자원 등을 토대로 청동기시대에 해당하는 기원전 2세기~기원 전·후시기에 상주, 문경, 예천 일대에 형성된 소국으로 판단된다. 249년(첨해왕 3년) 신라에 병합된 사벌국은 525년(법흥왕 12년)에 사벌주를 설치해 이등을 군주로 삼았고, 지방을 5주로 나누고 지방의 우두머리를 군주라 했다.

압독국押督國, 압량국押梁國: 『삼국사기』기록 중 '102년(파사왕 23년), 106년(파사왕 27년), 146년(일성왕 13년)의 기록 등을 고려할 때, 기원전 1세기부터 2세기까지 약 200여 년 동안 존립한 것으로 판단된다. 임당(압량), 자인 북사(노사화), 진량 신상리(마진량), 해안 불로동(치성화) 등 4개의 큰 세력집단으로 분포하였으며, 대표적인 유적은 임당유적이다. 임당유적은 임당동과 조영동, 부적리 일대에 분포하며, 초기철기시대의 환호와 원삼국시대 마을 터, 못 터, 토성, 목관묘, 옹관묘 등 주요 유물이 다른 고분군에 비해 많이 발굴돼 신라 마립간기의 사회상을 연구하는 데 중요하다. 특히 금동제 용무늬 화살통꾸미개는 중요한 유물로 분류된다. 임당동 고분군에서 출토된 유물과 금동관은 지배자 계급의 무덤으로 파악되고, 조영동 고분군은 삼한과 삼국시대의 고분군으로 파악된다. 또한 삼국 형성 초기의 목곽묘와 옹관묘를 비롯해 순장의 흔적도 보인다. 압독국의 토기가 대구의 복현동, 불로동, 괴전동, 문양리, 화원 성산, 성주군 명포리 고분군에도 출토되고 있어 압독국의 대외교류가 활발했음을 알 수 있다.

우산국于山國: 청동기시대와 초기 철기시대 유적에 해당하는 지석묘, 무문토기, 갈돌, 갈판 등이 출토된 점을 고려할 때, 대략 기원전 300여 년경 성립된 것으로 보인다. 우산국 형성초기부터 512년까지 약 800여 년 간 독립된 소국의 위상을 유지하였으며, 512년부터 930년에 걸친 약 400여 년 간 한반도 본토로부터 직접적인 통치를 받지 않은 것으로 추정된다. 우산국이 다른 소국과는 달리 오랜 기간 존립할 수 있었던 이유는 섬이라는 지리적 특성 때문이었다.

음집(즙)벌국音汁伐國: 음집벌국은 비옥한 충적지의 안강 일대를 기반으로 형성되었다. 음집벌국에 대한 역사적 기록은 『삼국사기』에 전해온다. 102년(파사왕 23년), 음집벌국은 이웃하는 실직곡국(悉直谷國, 강원도 삼척)과 영토 경계를 놓고 다투던 중 파사 이사금에게 시비를 가려달라고 했고, 어느 편을 들기가 난처했던 파사 이사금이 다시 금관가야국의 김수로왕에게 요청하여 영토 경계를 해결하게 했다. 그 후 신라의 요청을 거부한 음집벌국에 신라가 군대를 보내 정복하였고, 두려움을 느낀 실직곡국, 압독국이 뒤이어 항복을 해왔다는 기록이 있다.

이서국伊西國: 청도 지역 일대를 거점으로 이루어진 이서국은 경주를 선제공격했던 유일한 진한의 소국이다. 『삼국사기』내용을 옮겨오면 다음과 같다. '신라 14대 유례왕 14년인 297년, 이서국이 금성(경주)으로 쳐들어오자 사로국은 많은 군사를 동원해 대응했으나 능히 이를 격파하지 못했다. 그런데 갑자기 이상한 군사들이 몰려왔고 그 수는 헤아릴 수 없이 많았으며 군사들은 모두 대나무 잎을 머리에 꽂고 적을 물리쳤다. 그 후, 그들이 간 곳을 몰랐는데 많은 대나무 잎이 죽장릉(미추왕릉)에 쌓여 있는 것을 보고 이는 미추왕이 전쟁을 도운 것이다.' 금성에서 이서국 군대를 물리친 신라는 이서국을 공격해 이서산성에서 최후의 결전을 벌여 이서산성을 함락시켰다. 신라는 이서국을 복속시킨 후 운문 일대에 화랑들의 수련장을 만들어 삼국통일의 토대를 다졌다. 이서산성을 주구走狗산성이라고도 하는데, 난공불락의 주구산성을 쳐 함락시키는 데는 신라의 유명한 승려의 풍수적 도움이 있었다고 한다. 즉 달리는 개의 모양을 보이는 이서산성을 효율적으로 공략하기 위해서는 밤보다는 낮에 취약하고 앞 보다는 뒤가 취약한 개의 경계 심리를 이용해 낮에 뒤를 공격하여 이서산성을 함락시켰다는 이야기가 있어 흥미롭다.

조문국召文國: 의성군 금성면 일대를 기반으로 성장했다. 의성을 중심으로 인근의 안동·예천·상주 일대는 중요한 금 생산지로 풍부한 부를 바탕으로 강력한 군사력을 가졌을 것으로 판단된다. 조문국은 기원전 7세기부터 기원전 82년까지 국호를 왜로 쓰다가 조문국으로 개명했으며, 그 후 일본으로 건너간 조문국 왕손이 일본의 국호를 왜로 활용하는 등 일본과 매우 가까운 관계를 가졌다는 주장이 있다(향토사학자). 조문국은 왜에서 국명을 바꾼 뒤 757년 신라에 의해 문소군聞韶郡으로 격하돼 상주에 편입되기까지 1,400여 년간 지역을 기반으로 세력을 형성한 것으로도 전해진다. 또한 조문국 왕손들은 백제계 도래인이나 가야계보다 2~3백년 앞선 삼한시대에 일본으로 건너가 야요이시대彌生時代 후기인 2~3세기 무렵 20여개 읍락으로 구성된 야마다이국亞馬台國을 세웠고, 173년 모국인 조문국과 신라에 사신을 보냈다는 내용이 전해온다. 231년 조문국 왕자 김효가 세운 감문국을 신라가 정복하자, 히메고 여왕이 서기 232년, 233년 두 차례에 걸쳐 신라를 공격했다는 기록 등은 조문국의 실체를 보다 분명히 해준다. 『삼국사기』신라본기에는 벌휴왕 2년인 185년, 파진찬 구도와 일길찬 구수혜를 좌우 군주로 삼아 조문국을 벌했다는 기록이 있다.

임당의 초기무덤, 나무널무덤木棺墓을 아시나요?

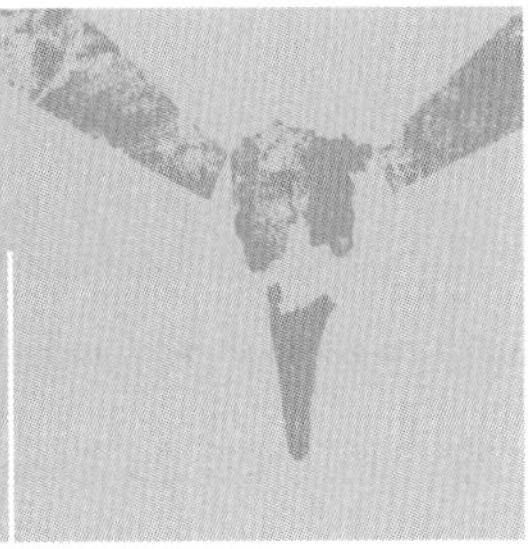

정 민 금오문화재연구원 연구원

● 전형적인 배산임수의 지형

앞선 글에서 임당유적에 대한 중요성과 역사적 위치에서 임당유적이 가지는 가치가 우리나라의 단일유적 중에서 가장 크다고 해도 무리가 아니라는 것은 언급이 되었다. 2000기가 넘는 무덤의 분묘유적, 거기에 원삼국시대에서 삼국시대에 이르는 주거지, 환호, 저습지 등의 생활유적, 토성으로 대표되는 방어유적, 거의 모든 유구가 임당유적에서는 시기를 달리하여 확인되었다. 확인되는 유구와 유물의 종류와 양을 보건데, 임당은 아직 확인되지 않은 유적이 존재함을 생각하더라도 감히 경산일대에서 가장 중심지역이었음을 단언할 수 있다.

임당유적의 공간적 범위에 관하여 정확히 그 범위가 정하여 있지는 않지만, 대략 경산 임당동과 조영동, 압량면 부적리, 신대리 일대의 얕은 구릉 등에서 확인되는 유적을 임당유적으로 본다. 앞에서 열거한 지역들의 지형을 살피면, 이들은 현재의 영남대학교 북측으로 경산분지의 중앙을 남-북으로 가로질러 북쪽 금호강을 향해 뻗어있는 나지막한 능선의 말단부에 위치한다. 북쪽으로는 금호강, 동쪽으로는 금호강의 지류인 오목천, 서쪽으로는 남천에 의해 형성된 넓은 평야가 시야에 들어오며, 남서쪽으로는 대덕산, 남동쪽으로는 백자산이 위치하는 전형적인 배산임수의 지형이라 할 수 있다.

임당유적 및 신대리유적 전경

● **나무널무덤木棺墓의 분포, 임당동 · 신대리**

나무널무덤木棺墓은 영남지역에서 청동기시대의 묘제인 고인돌支石墓에 이어 초기철기시대에서 원삼국시대 전기까지 확인되는 무덤의 종류이다. 경산지역에서는 현재 약 250여 기의 고인돌支石墓이 확인되고 있다. 하지만, 임당유적에서는 아직 고인돌支石墓 또는 돌널무덤石棺墓은 확인되지 않고 있다. 따라서 현재까지 확인된 무덤 중, 임당유적에서 가장 이른 시기의 무덤은 나무널무덤木棺墓이라 할 수 있다.

임당유적에서 확인된 분묘는 2000여기를 상회한다. 이 중 임당유적과 신대리유적에서 확인된 나무널무덤木棺墓의 수는 210여 기이다. 동일유적에서 확인된 나무널무덤의 수로는 현재까지 가장 많은 수의 나무널무덤이 시기를 달리하여 군집되어 확인되었다. 나무널무덤은 임당유적의 전체에 넓게 분포하고 있으나, A지구와 E지구, F지구에 비교적 군집을 이루어 확인되고 있다. 한편, 근래에 발굴조사된 A지구와 가까운 신대리 유적에서도 대규모 군집을 이루는 나무널무덤이 확인되었다.

● 나무널무덤의 구조

나무널무덤의 발굴조사를 통하여, 나무널무덤을 만든 당시의 과정을 역으로 복원하면 다음과 같다. 땅을 파 시신을 넣은 나무널무덤을 바닥에 안치한다. 이 과정에서 바닥을 고르게 하기 위하여 고운 흙으로 정지작업을 하는 경우도 있으며, 관의 고정을 위하여 바닥으로 시설을 하는 경우도 있다. 나무널木棺을 안치한 후에는 주변의 공간으로 유물을 부장하며 흙으로 채워 나무널을 보호하도록 하여 봉분을 덮었다. 이러한 일련의 과정에서 무수히 많은 예법이 포함된다.

나무널의 내부에는 시신에 착장한 유물들이 부장되며, 나무널 주변의 바닥, 채운 흙 사이, 또는 그 위, 나무널의 위, 봉토의 내부 등으로도 유물을 부장하며 예법을 따라 무덤을 조성한다. 영남지역에서 확인되는 나무널무덤에서 공통적으로 확인되는 나무널무덤의 입지에 대한 특징이 임당유적에서도 확인된다. 무덤이 만들어지는 위치가 능선의 하단부나 평지에 가까운 곳으로 형성되며, 시신의 머리가 동쪽이나 남쪽을 향하고 있다는 것이 그것이다.

신대리유적 목관묘 출토 청동유물

신대리유적 목관묘 75호 유물출토상태

● 나무널무덤 출토 유물

이 시기 나무널무덤에서는 어떠한 유물들이 출토될까? 앞서 언급한 대로 나무널무덤는 초기철기시대와 원삼국시대 전기에 유행하던 무덤이다. 시기에 따라 출토되고 있는 유물도 다양하다. 임당유적의 나무널무덤 중, 가장 이른 시기의 나무널무덤은 기원전 2세기경, 초기철기시대의 후엽에 해당하는 시기의 나무널무덤이다. 단면삼각형의 점토띠토기粘土帶土器, 주머니호袋狀壺, 손잡이항아리把手附壺, 검은간토기 목긴항아리黑陶長頸壺, 항아리 모양의 무문토기류와 쇠뿔손잡이항아리組合式牛角形把手附壺, 주머니호, 항아리短頸壺, 주발盌, 편구소호 등의 다양한 기종의 와질토기류, 쇠검鐵劍, 쇠창鐵鉾, 쇠화살鐵鏃 등의 무기류와 주철도끼鑄造鐵斧, 단철도끼鍛造鐵斧, 납작쇠도끼板狀鐵斧, 짧은쇠창鐵鍦, 쇠끌鐵鑿 등의 공구류, 재갈을 위시로 하는 마구류, 따비, 쇠스랑, 쇠괭이鐵鋤, 쇠낫鐵鎌 등의 농구류로 구성되는 철기와 좁은놋단검細形銅劍, 중국거울漢鏡, 호랑이모양

허리띠고리虎形帶鉤, 말모양 허리띠고리馬形帶鉤, 거문고모양 허리띠고리琴形帶鉤, 원통형동기, 칼손잡이장식劍把附屬具 등의 청동기, 부채, 검집, 완, 원통형 칠기 등의 칠기류, 유리구슬, 이빨모양동기齒形銅器, 철환, 청동반지, 팔찌 등의 장신구류 등 무수히 많은 유물들이 나무널무덤에서 출토되었다.

출토되는 유물은 개개의 나무널무덤마다 큰 차이를 보인다. 토기류와 철기류, 청동기, 장신구 등의 모든 유물이 공반되어 함께 확인되는 나무널무덤이 있는 반면, 출토되는 유물이 한 점도 없는 나무널무덤도 존재한다. 이는 곧, 무덤에 묻힌 피장자가 속한 사회에서 피장자의 지위, 위계를 반영하는 결과라 할 수 있다. 이 시기에도 분명 그들 사회에서 통용되는 관습법과 질서가 존재했으며, 우리는 무덤에서 출토되는 유물을 통해 그 피장자의 사회 구성원에서의 위치를 살필 수 있는 것이다. 집단에서 상위계층에 해당하는 피장자들이 가질수 있는 유물을 위신재라 하는데, 이 시기 위신재에 해당하는 유물은 좁은놋단검細形銅劍, 청동거울銅鏡, 청동제 허리띠고리帶鉤, 청동팔찌, 청동제 칼손잡이장식劍把附屬具 등의 청동기류 유물과 부채 등이라 할 수 있다. 당연히 이들 위신재가 출토되는 나무널무덤은 전체 나무널무덤 군집에서 극히 드물게 나타난다.

한편, 임당유적과 신대리유적에서는 현재 타 지역에서는 출토된 예가 없는 이 지역에서만 확인되는 청동기가 있다. 신대리유적 37호 목관묘와 임당 E-58호에서 출토된 한경재가공품漢鏡再加工品이 그것이다. 이들은 모두 한 쌍으로 출토되었는데, 원통형의 목기의 윗면과 아랫면으로 한경 재가공품의 경면이 바깥을 향하도록 삽입된 상태로 출토되었다. 출토된 위치가 피장자의 가슴과 얼굴 사이에서 모두 출토되었으며, 유물의 규격도 거의 흡사하다. 이러한 점은 이 지역에서만 확인되는 특징적인 점이라 할 수 있을 것이다.

신대리유적 목관묘 1호 전경

임당유적 목관묘 출토 유물

● 나무널무덤으로 본 압독국과 임당 유적

임당유적에서 나무널무덤이 분포하고 있는 모습을 통해, 미약하나마 압독국 내의 임당유적이 차지하는 모습을 살펴볼 수 있다. 임당유적에서 나무널무덤이 확인되는 시기와 동시기의 주거지는 확인되지 않는다. 따라서, 현재의 자료로 이 시기 집단의 모습은 무덤자료를 통하여 유추할 수밖에 없다.

기원전 2세기에 조성되기 시작하는 나무널무덤 집단은 이 후, 신대리 유적을 포함하면, 기원후 2세기 중엽에 이르기까지 계속해서 존재하고 있음이 확인된다. 하지만, 모든 나무널무덤이 일정한 지역에 하나의 군집으로 계속해서 존재하는 것이 아니라, 지역을 달리 하며 군집을 이루고 있는 모습이 보인다. 또한, 하나의 군집을 이루는 집단 내의 무덤에서 출토되는 유물을 통해, 집단 내의 위계차이가 존재하고 있으며, 이들 집단은 서로가 대등한 위치에서 2세기 중엽에 이르는 시간까지 밀접한 관계를 가지며, 공생하는 관계였음을 알 수 있게 한다.

하지만, 사회가 발전하고 집단의 규모가 커지면서 2세기 중엽이후, 나무덧널무덤이 등장하는 시기에 이르러 무덤을 입지가 탁월한 능선의 정상부로 옮기며, 군집 내 탁월한 유물을 가지는 무덤이 복수, 또는 다수로 확인되는 등 종속되는 집단과 우세한 집단이 등장하면서, 압독국의 중심집단, 국읍으로 성장하는 과정을 확인할 수 있다. 이 후, 기원후 4세기 신라에 복속되기 전까지 임당유적은 압독국의 국읍으로 경산지역 일대의 중심으로 자리하게 된다.

압독국의 새로운 무덤, 덧널무덤木槨墓 이야기

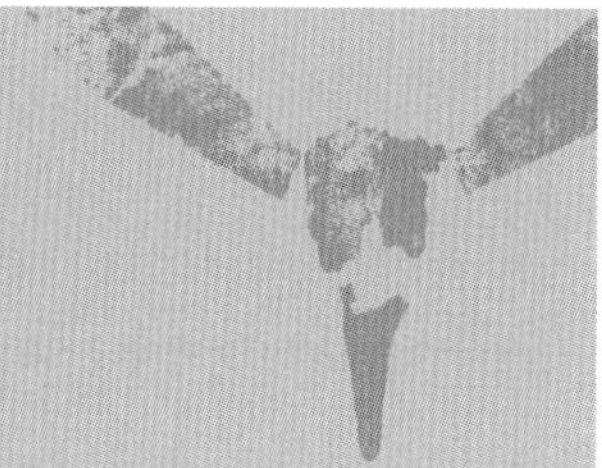

황종현 경산시립박물관 학예연구사

기원후 2세기 중엽 압독국을 비롯한 영남지방에는 이전과는 사뭇 다른 무덤이 만들어지기 시작한다. 무덤의 형태뿐만 아니라 부장되는 유물의 면모도 변화를 보이고 있다. 바로 덧널무덤木槨墓이라 불리는 새로운 형태의 무덤이다. 고고학계에서는 널무덤木棺墓에서 덧널무덤木槨墓으로의 전환을 획기적 문화변동으로 보고 원삼국시대를 전기와 후기로 구분하고 있다.

이 장에서는 압독국이 경산에 터를 잡기 시작한 기원전 2세기 말에서 약 250년이 지난 시점인 기원후 2세기 중엽부터 기원후 4세기 전반까지의 모습을 덧널무덤을 통해 살펴보고자 한다.

● 크게 만들어 유물도 많은 덧널무덤

덧널무덤이 이전의 널무덤에 비해 가장 큰 차이점은 무덤의 크기가 훨씬 크다는 점이다. 널무덤은 길이 2m 내외의 크기로 땅을 파고 구덩이에 나무로 만든 널棺만 안치하고 흙으로 덮는 구조다. 반면에 덧널무덤은 처음부터 구덩이를 3~10m 정도로 크게 판 후 많은 양의 부장품을 넣을 수 있는 덧널木槨을 설치하는 형태다.

무덤의 크기를 크게 만든 이유는 많은 양의 부장품을 넣기 위한 공간을 확보하기 위함이다. 그래서 당연히 널무덤에 비해 덧널무덤에서는 훨씬 많은 양의 유물이 쏟아진다. 토기와 철기가 많이 출토되고 유력자의 무덤에서는 유리나 옥으로 만든 구슬이나 북방에서 수입된 청동용기도 부장된다. 또 유물을 부장하는 의미도 달라진다. 널무덤에 부장되는 토기가 장송의례와 관련된 '공헌유물'로 구성되는 것에 비해 덧널무덤에는 공헌유물뿐만 아니라 저승에서 생활할 때 필요한 생활유물도 함께 부장된다는 점이다.

덧널무덤이 축조되는 입지에 있어서도 이전의 널무덤과는 차이를 보인다. 덧널무덤은 널무덤에 비해 능선의 높은 곳에 축조되는 경향이 있다. 또 큰 무덤은 능선의 중심축을 따라 군집을 이루어 축조되고 있으며, 작은 무덤은 비교적 입지가 좋지 못한 경사면에 위치한다. 이것은 여러 무덤이 일정한 공간에 고르게 분포하는 널무덤과는 대조적인데, 이를 통해 사회적 분화가 심화되어 다양한 계층이 발생하였음을 말해주는 증거로 보기도 한다.

그렇다면 이러한 무덤형태의 변화는 무엇을 의미하는가? 단순한 사회적 발전으로 봐야 하는가? 아니면 이런 변화를 야기한 원인이나 사상의 변화가 있었는가? 덧널무덤이 만들어지기 전 널무덤단계의 사회적 배경을 먼저 살펴보자.

● 널무덤에서 덧널로 왜 바뀌었지?

널무덤단계(기원전 1세기~기원후 2세기 전반)에는 중국 특히 전국시대 연나라燕國의 철기문화가 보급되기 시작해 여러 종류의 철제 농기구가 제작됨으로써 농업생산력이 크게 증가된다. 당시의 철은 중요한 교역의 대상물이기도 했다. 중국의 역사책인 『삼국지』위서 동이전에는 '나라에서 쇠

鐵가 나는데, 이를 한韓·예濊·왜倭에서 가져간다. 시장에서 물건을 사고파는 것도 모두 쇠를 가지고 해서, 마치 중국에서 돈을 가지고 쓰듯이 한다. 또 낙랑樂浪과 대방군帶方郡에도 공급해 준다'라는 기록이 전한다. 즉 오늘날도 철은 우리나라의 중요한 기간산업 중의 하나이며 한국의 제철산업이 세계적으로 우수하지만, 철을 해외로 수출하는 산업은 벌써 2천년 전에 시작되었다고 할 수 있다.

이러한 사회적 여건으로 인해 진한지역은 사회적 발전이 빠르게 진행되었다. 『삼국지』에는 이러한 발전된 진한 지역의 상황을 알려주는 기사가 보이는데, '환령지말桓靈之末에 한韓과 예濊의 세력이 강성해져 군현을 제대로 통제하지 못하니, 많은 백성들이 한국韓國으로 유입되었다'라는 대목이다. 환령지말은 중국 후한의 환제와 영제시기로 147년부터 189년 사이를 말한다. 이 기간은 후한後漢 왕조가 점차 쇠락을 길로 접어든 시기다.

기록에서도 볼 수 있듯이 많은 유이민이 한국 즉 마한·진한·변한 지역으로 이주해 들어왔음을 알 수 있다. 이즈음 지금의 평양일대에는 중국 한漢 왕조가 설치한 낙랑군이 위치하고 있었다. 낙랑은 한의 직할지였으므로 한의 문화가 고스란히 전해져 있었는데, 무덤을 사용하는 풍속도 예외는 아니었다. 낙랑의 무덤방식이 바로 덧널무덤이었는데, 유이민이 들어오면서 새로운 무덤방식을 영남지방 각지에 전해준 것으로 보고 있다.

요컨대, 기원후 2세기 중엽 널무덤에서 덧널무덤으로의 변화는 널무덤 단계의 활발한 교역과 철제 농기구로 인한 농업생산력의 증대로 인해 축적된 내부적인 발전과 새로운 유이민의 유입으로 인한 외래적 문화의 수용으로 설명되고 있다.

1. **목곽묘**(조영1A-19호, 영남대학교박물관 제공)
2. **덧널무덤 출토 목걸이**(조영1A-19호)
3. **오리모양토기**(조영E I -3호, 영남대학교박물관 제공)

● 영혼의 전달자, 오리모양 토기

경산의 압독국을 비롯하여 경주, 울산, 포항 등지의 덧널무덤에서는 유독 오리모양토기鴨形土器가 많이 출토된다. 그것도 덧널무덤이 유행한 3~4세기 동안만 출토될 뿐 그 후로는 보이지 않는다. 임당유적 조영EⅠ-3호 덧널무덤에서 출토된 것을 비롯하여 영남지방 덧널무덤에서 출토된 오리모양 토기는 도공陶工의 차이에 따라 크기나 형태가 조금씩 차이는 있지만 전체적인 모양은 대체로 비슷하다. 즉 길게 튀어나온 입, 머리 양쪽에 둥근 고리모양의 눈, 정수리부터 뒷목으로 이어지는 벼슬, 통통하게 살이 오른 몸통 등 각 부위별로 표현한 방법이 대체로 같다. 또 오리 몸통의 등 부분에는 원통형의 구멍이 나있으며, 꼬리에도 작은 구멍이 뚫려있고 몸통은 비어 있다. 따라서 액체를 담았을 가능성이 높다.

그렇다면 이러한 오리모양 토기는 어떤 이유로 덧널무덤에 부장되었을까? 『三國志』위서 동이전의 '大鳥羽送死, 其意俗使死者飛揚'(큰새의 깃털을 죽은 자와 함께 묻는데, 이것은 죽은 자가 하늘로 날아가도록 하려는 뜻이다)라는 기록을 통해 짐작 가능하다. 당시 사람들은 새가 죽은 사람의 영혼을 저승으로 인도하는 역할을 한다고 믿고 있었던 까닭에 무덤 속에 오리모양 토기를 구워 함께 매장한 것이다.

● 경주식 덧널무덤 등장의 의미는?

압독국의 덧널무덤은 포항 옥성리 고분군이나 울산 하대 고분군의 덧널무덤과 비교해서 무덤의 크기나 부장품의 질에서 크게 두드러지지 않는다. 덧널무덤이 널무덤에 비해 비교적 땅을 깊게 파지 않고 만드는 특성으로 인해 훨씬 더 유실될 가능성이 크지만, 임당유적에서 조사된 널무덤의 수에 비해 덧널무덤의 수가 급격히 감소되고 있는 점은 의문이다. 아무튼 지금까지의 조사로 봐서는 압독국의 위상이 덧널무덤단계에는 그다지 높지 않았을 것으로 보인다.

하지만 기원후 3세기 말에서 4세기 초에는 무덤의 길이가 갑자기 길어지고 딸린덧널副槨이 별도로 만들어지는 새로운 형태의 덧널무덤이 등장한다. 이러한 모습의 덧널무덤은 경주의 구정동에서 발굴되어 학계의 비상한 주목을 받았는데, 사로국을 대표하는 무덤으로 밝혀져 흔히 '경주형 덧널무덤'이라 불리고 있다. 이러한 경주형 덧널무덤은 규모가 다른 것에 비해 월등히 크고 출토유물의 양과 질에 있어서도 탁월하며, 순장의 풍속도 보이고 있다. 즉 본격적인 정치 엘리트의 등장을 의미한다.

그렇다면 사로국의 무덤이 압독국에서 확인되는 현상을 어떻게 설명할 수 있을까? 고고학계와 고대사학계에서는 보통 『삼국사기』초기 기록에 보이는 신라가 여러 소국을 정벌하는 기사가 실상은 4세기를 전후한 시점으로 봐야 한다는 것이 대세론이다. 즉 경주형 덧널무덤이 영남 각지에 만들어지는 시점이 이때쯤이고, 이것은 그 지역이 사로의 영역으로 편입되었음을 보여주는 증거라는 것이다. 그렇다면 압독국 또한 4세기를 전후한 즈음에 사로국의 영역으로 편입된 것으로 보인다. 이것은 이후에 축조되는 고총高塚고분에서 금동관, 은제허리띠, 목걸이, 고리자루칼 등 신라의 위세품들이 쏟아지는 것에서도 알 수 있다.

임당유적 목곽묘 출토 유물

임당 고총,
신라 지방의 지배자 간干의 묘

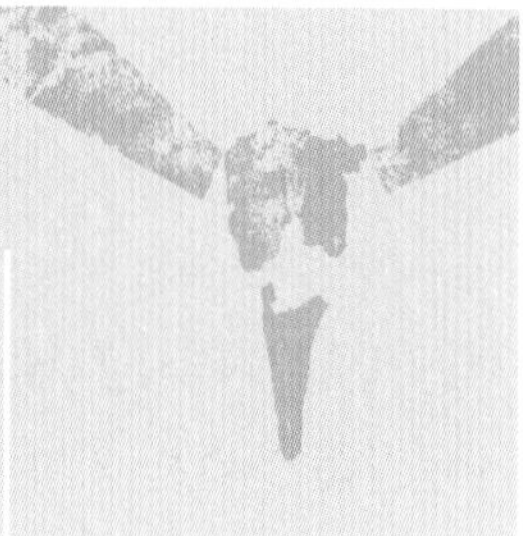

김용성 한빛문화재연구원 조사단장

경산 임당지역고분군은 임당동고분군, 조영동고분군, 부적리고분군으로 구성된 대단위 고분군으로 경산지역을 대표하는 중심고분군이다. 이 고분군은 처음 영남대학교박물관에 의하여 세 차례 발굴조사가 실시되었고, 한 차례의 시굴조사를 거친 다음, 영남문화재연구원과 한국문화재보호재단에 의하여 전면적인 발굴조사가 시행되었다. 조사된 고분 가운데 지배자급의 무덤이라고 할 수 있는 고총은 모두 28기다. 고총 가운데 부적리고분군에 분포하는 것을 제외하고, 임당동고분군에 분포하는 고총의 절반 정도가, 조영동고분군에 분포하는 고총 전체가 발굴된 셈이다. 따라서 조성된 고총의 내용과 변천에 대해서는 대체적인 양상을 파악할 수 있다.

지금까지 발굴된 고총은 임당동에서 10기, 조영동에서 18기다. 이 임당유적의 고총은 대부분 외관상 하나의 봉토 내에 거의 동등한 크기의 묘곽 2기를 가진 양장분이 많으나, 이 양장분에 좀 더 크기가 작은 묘곽을 덧붙여 만든 다장분도 많았고, 단장분도 몇 기가 조사되었다. 단장분, 양장분, 다장분으로 구분되는 이러한 봉토 내에 조성된 묘곽 개개, 즉 단일묘의 봉토 형태는 타원형과 원형이 함께 나타난다. 봉토는 묘광을 팔 때 나온 청석편, 그리고 진흙을 섞어 축조하였는데, 청석편을 무질서하게 쌓은 것이 아니고 벽돌 쌓듯이 가지런히 정성을 다해 쌓은 것이 관찰된다. 이렇게 쌓은 봉토의 표면에는 20cm 내외로 차진 진흙을 덮어 밀봉하였다.

임당유적 고총의 양장분과 다장분은 모두 선후관계를 포함하고 있어 축조 순서를 명확하게 보여준다. 그리고 양장분의 경우는 부부, 다장분의 경우는 부부와 그들의 자식이라는 가족관계를 표현해 주고 있다. 이와 같이 봉분의 구성이 가족관계로 나타난다는 점은 사후에도 그들의 가족관계가 유지된다고 생각하였다는 점에서 주목해 볼 필요가 있다. 이것은 현실세계가 사후세계로 그대로 이어진다는 관념의 표현이라고 할 수 있다.

임당동고총군 연접 상태

● 압독의 지배집단 가족의 묘

임당유적 고총의 묘제로는 전 단계의 순수목곽묘에 이어 적석목곽묘, 암광목곽묘, 수혈식석곽묘, 횡구식 또는 횡혈식의 석실묘 등이 사용되었다. 이 중에 가장 이른 시기에 축조되기 시작한 것은 적석목곽묘이며, 이를 이어 곧바로 암광목곽묘가 주묘제가 되어 사용되었고, 수혈식석곽묘는 비교적 이른 시기에, 석실묘는 비교적 늦은 시기에 암광목곽묘와 함께 사용된다는 특징이 있다.

임당유적 고총의 주묘제인 암광목곽묘는 주곽과 부곽으로 구성된 것이 주류를 이룬다. 주곽은 대략 길이 4m, 너비 2m, 깊이 2m 내외의 암광을 파서 외곽으로 삼고, 그 내부에 목곽을 설치한 다음, 적석목곽묘와 같이 목곽과 외곽(암광) 사이에 일정한 높이로 적석을 하여 적석단을 마련한 것이다. 부곽은 대부분 길이와 너비를 4m 내외, 깊이를 1.5m 내외로 파고 내부에 굴립주와 같은 기둥을 세우고 목곽을 조립한 것이다. 부곽은 목곽의 개판을 그대로 뚜껑으로 하였으나, 주곽의 경우는 암광으로 된 외곽의 어깨 위에 개석을 하고 점토로 밀봉한 특징이 있다.

이들 고총은 신라의 지방 지배자인 간과 그 가족의 무덤으로 볼 수 있다. 고총에서는 착장형 위세품이라고 할 수 있는 복식품으로 금동관, 금동관모, 금귀걸이, 비취곡옥이 달린 유리목걸이, 은제허리띠, 금동신발, 금반지, 금동팔찌, 금동장식의 큰칼 등이 세트를 이루며 출토되고 있다. 또한 고총에는 주곽에 2인, 부곽에 2인 정도의 순장자 인골이 들어있다. 이러한 출토품은 흔하게 볼 수 있는 것이 아니고 일정한 영역을 다스리던 지배자의 무덤에서만 출토되는 것이다. 따라서 이들 고총이 당시 압독이라 불렀던 현재의 경산지역을 통치하던 지배집단인 간과 그 가족의 무덤으로 볼 수 있게 한다.

조영동고총군 복원 후 전경(조영EⅢ호분)

● 마립간 아래 간, 위계 보여

이러한 임당유적 고총의 출토품과는 달리 당시 신라의 수도라고 할 수 있는 경주의 왕묘에서는 더 상위 위계로 볼 수 있는 유물이 출토되고 있다. 즉, 경주의 천마총, 황남대총, 금관총, 서봉총, 금령총 등에서는 금관, 금관모, 금귀걸이, 금목걸이, 금허리띠, 금팔찌, 금반지, 금동신발, 금장식의 큰칼 등이 출토되어 금동으로 구성된 임당유적 고총의 출토품과는 달리 순금제가 많은 부분을 차지한다. 그러나 그 모양새 등은 임당유적 고총의 것과 차별이 되지 않는다. 이는 이들 무덤이 신라의 최고지배자인 마립간과 그의 가족 무덤임을 알려준다.

이렇게 임당고총의 출토품과 수도 경주 왕묘의 출토품이 차별이 있음은 상위에 마립간이 존재하고, 그 하위에 압독의 간이 존재하는 위계상태를 나타낸다. 이러한 상태를 고대사와 고고학에서는 간접지배라는 지방지배 형태 때문이라고 보고 있다. 간접지배란 신라가 성립되고 마립간

시기에 들어서면서 신라 중앙정부에서는 유력한 피복속 재지세력에 대해서 신속하는 대가로 부분적인 지배권을 승인하여 주어 다스리던 것을 말해준다. 따라서 재지 유력세력은 비록 기존에 가지고 있던 완전한 독자적인 지위는 상실했지만 신라라는 훨씬 강한 새로운 배후세력에 의하여 지배권을 보장받아 이를 누세대를 이어가며 행사할 수 있었다. 그러한 징표가 바로 임당유적 고총과 그 문화현상이다. 이 과정을 살펴보면 다음과 같다.

발굴된 분묘로 보아 임당유적에 처음 분묘를 축조하기 시작한 집단은 세형동검을 표지로 한 초기철기시대의 목관묘 집단이다. 이후 임당유적에는 삼국시대 말 또는 통일신라 초기에 이르기까지 끊임없이 분묘가 축조되었다. 첫 분묘의 축조시기를 기원전 2세기 무렵으로 볼 때 적어도 1000여년 간 지속적으로 분묘가 축조되었다고 할 수 있다. 따라서 이 장기간에 걸친 지역집단의 성장과 변천 과정을 읽을 수 있는 것이 임당유적이다. 우리나라에서 이와 같이 장기간에 걸쳐 분묘가 이어지며 축조된 것으로 밝혀진 유적은 이 임당유적이 유일한 것이다. 비록 초기철기시대부터 무덤이 축조되어 삼국시대까지 이어졌음을 추정할 수 있는 것으로 창원 다호리유적을 들 수 있으나 이것의 경우 이른 시기의 목관묘만 발굴되어 과연 지속적으로 묘제가 변화해가며 유적이 형성되었는지도 불명이고, 삼국시대의 대세력집단으로 성장하였는지도 의심스럽다. 또 삼국시대에 대세력집단으로 성장하였으며 비교적 장기간에 걸쳐 유적이 형성된 고분군으로서 부산 복천동고분군, 합천 옥전고분군 등이 조사되었으나 이러한 것들도 일정 시기의 분묘들이 빠져 있거나 비교적 늦게 고분군이 형성되는 등 전체적인 모습을 보여주지는 못하고 있다. 무엇보다도 여기에 임당유적의 중요성이 있다.

임당 고총 출토 유물

● 두개 이상 세력 통합과 분화

이와 같이 장기간에 걸쳐 축조된 임당유적의 분묘들은 300년 이상의 장기간을 두고 중복이 되었을 뿐, 단기간의 선대 분묘를 파괴하는 현상이 극히 드물다. 장기간의 시간을 둔 중복 현상도 조영동의 대형봉토분이 들어선 조영동 중심지구에서만 확인이 되고 있다. 이 중복 현상은 목관단계와 목곽단계의 분묘들을 고총이 파괴시킨 것인데, 첫 고총들이 목관단계 대형묘들이 들어선 지역에 있는 것이 아니라 이와 연결되는 지점 또는 전혀 새로운 지점에 축조되고 나중에 가서야 대형목곽들이 있는 곳에 자리하기 시작했다는 점은 새로운 집단이 이주하는 등의 커다란 변혁으로 인해 발생되었다고 볼 수는 없고 재지집단이 성장하면서 자연적으로 이루어진 것으로 볼 수 있다.

결국 적어도 조영동의 대형분을 축조한 집단은 목관단계부터 지속적으로 성장한 재지집단의 성격을 강하게 나타낸다. 다만 임당동 대형분들을 축조한 집단과 부적리 대형분들을 축조한 집단도 같은 성격인지는 확인할 수 없다. 그러나 4세기 대에 축조되었으며 대형분의 입지조건으로는 가장 좋은 곳에 자리한 임당토성을 피해서 그 하위에 임당동의 대형분들이 자리하였음은 재지적인 성격을 강하게 풍겨주고 있다. 또 부적리의 대형분들은 조영동 대형분들이 분포하는 곳에서 연결된 같은 능선에 자리하고 있는 점으로 미루어 조영동에서 분화되어 갔을 가능성을 알려주고 있다. 이렇게 볼 때 임당유적에 분묘를 축조한 집단들은 임당유적의 형성기부터 두 개 이상의 세력집단이 존속하면서 통합되거나 분화되는 과정을 되풀이하였다는 것을 지적해 준다.

이 임당집단이 언제부터 경산지역의 중심집단으로 자리하였는지는 명확하게 드러나지 않는다. 비록 발굴된 목관묘의 수가 다른 어떤 지역보다 많지만 거기서 출토되는 유물은 부근의 대구 평리동, 영천 어은동 유적 등과 비교할 때 우세하다고 할 수 없어 임당유적의 형성기부터 경산지역의 중심집단으로 기능하고 있었다 할 수가 없기 때문이다. 그러나 대형분들의 봉토 속에 들어간 세형동검, 동탁 등의 양질의 청동기는 이러한 것들이 부장된 목관묘의 존재를 상정할 수 있게 하여 이미 목관단계부터 임당집단이 중심집단으로 기능하였을 가능성을 알려준다. 주변지역의 조사가 아직 미진한 상태이므로 이것은 추후 과제가 된다할 것이다.

무덤의 규모나 출토유물로 볼 때, 늦어도 목곽묘단계의 후기인 3세기 말 무렵이 되면서 임당집단은 확실한 경산지역의 중심집단으로 자리한 것이 확인된다. 이것을 알려주는 것이 오리모양토기가 출토된 조영EⅠ-3호, 찰갑이 출토된 조영1B-60호, 순장이 확인된 조영1A-19호 등이다. 그러나 앞에서 설명한 목관단계의 가능성이나 목관에서 목곽으로 교체되는 시기의 묘들이 조사된 조영동 북편의 상부, 아직 발굴되지 않은 지점들에 이른 시기의 대형목곽묘들이 분포하고 있을 가능성이 크며, 발굴된 조영동 중부지역에도 대형의 목곽묘들이 분포하고 있었으나 후대 고총의 축조 시 파괴되었을 가능성 등을 고려하면 좀 더 이른 시기부터 지속적일 가능성이 크다. 여기까지의 고분을 삼한시기 한 소국이었던 압독국의 무덤으로 볼 수 있다. 이후 임당집단은 확실하게 경산지역의 중심집단으로 자리하여 고총단계를 거쳐 석실단계까지 이른다고 할 수 있다. 이 시기 경주와의 관계에 의해 압독이 차츰 신라의 지방으로 편재해 나가고 있음을 알려준다.

임당의 분묘들에서 경주적인 요소가 처음 등장하는 것은 확실한 경산지역 중심집단으로 기능하였음이 확인되는 300년 무렵부터이다. 소위 경주식목곽묘가 경주나 울산지역에 등장하자마자 임당지역에 파급된 것이 확인되기 때문이다. 그러나 이것도 더 이른 시기일 가능성을 배제할 수 없다. 아직 두 지역의 그 이전 고고학자료가 명확하게 분석되지 않았기 때문이다. 여하튼 이후 임당집단은 끊임없이 경주와의 관련 속에서 성장한 것이 관찰된다. 묘제의 변동, 토기와 금공품의 형태 등이 경주지역의 변동과 궤를 같이하며 변화하는 것이 이를 대변해 준다. 고총단계 초기에 주묘제로 자리하였던 적석목곽묘, 비록 암반을 굴착하고 주곽에 돌뚜껑을 한 점에서 다르지만 내부에 목곽을 넣고 목곽 주위에 석단을 둔 암광목곽묘의 전통 등은 경주적 색채라 할 수 있다.

토기의 경우 일부 기종을 제외하면 경주산토기와 비교할 때 색조에서 약간의 차이가 있을 뿐 같은 기종을 놓았을 때 구분하기가 어려울 정도로서 영남지방 토기들 가운데 다른 어떤 지역의 것들보다 경주산토기와 유사하다고 할 수 있다. 이러한 현상은 비교적 일찍부터 경주지역과 밀접한 관련 속에 임당집단이 성장하였다는 것을 알려주는 것이 아닌가 한다. 단지 동시기 경주지역에 나타나지 않는 횡구식 또는 횡혈식의 석실묘들이 5세기 후반 일시적으로 임당동과 조영동 두 고분군에 축조된 것이 확인되는데, 이러한 것이 무엇을 의미하는지는 앞으로 찾아야할 과제이다.

압독국의 기념물(momument), 고총군

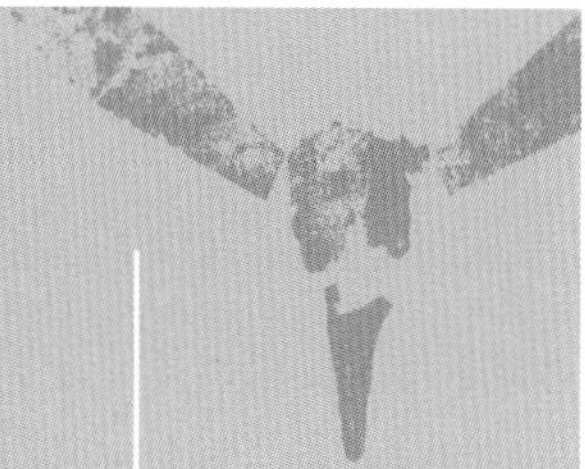

김대환 국립중앙박물관 학예연구사

유적과 유물을 통해 과거 역사와 문화를 복원하는 고고학자는 삼국시대 지배층의 무덤을 흔히 '고총' 또는 '고총고분'이라고 부르고 있다. 고총이란 말 그대로 높은 봉분을 가진 무덤을 의미하는데, 고고학자들은 고총을 무덤의 규모가 크고, 많은 유물이 부장되어 있으며, 입지가 뛰어나거나 순장이 확인되는 무덤 중에서 성토된 분구와 확정된 묘역을 가진 무덤이라고 좀 더 엄격하게 정의하기도 한다. 이러한 고총은 규모도 크고, 내부에서 출토되는 화려한 금공품이나 대량의 유물로 볼 때, 주인공은 당대 최고 지배자임이 틀림없다.

압독국의 고총도 다수 조사되어 당시 최고지배자의 존재를 확인할 수 있었다. 압독국의 고총은 주로 압독국의 중심마을로 생각되는 임당유적에서 영남대학교 박물관에 의해 많이 조사되었는데, 이 조사를 통해 크게 임당유적의 고총은 3개의 군집 즉, 임당동 고총군, 조영동 고총군, 부적리 고총군으로 나누어져 축조되었음을 알 수 있었다. 특히 임당동 고총군과 조영동 고총군은 각각 1982년과 1986년에 조사된 정보를 통해 내부구조와 출토 유물의 전모를 확인할 수 있었다.

이러한 조사를 통해 확인된 고총의 구조는 크게 적석목곽묘, 암광목곽묘, 석실묘 3가지였는데, 이 3가지 구조는 시기적으로 적석목곽묘에서 암광목곽묘로, 다시 석실묘로 변화하는 모습을 보여주었다. 압독국에서 가장 먼저 축조된 고총으로 임당 G5호와 G6호가 있다. 이 고총은 적석목곽묘의 형태를 하고 있어 많은 사람의 주목을 받았다. 왜냐하면 적석목곽묘는 주로 신라의 중심지인 경주에서만 매우 한정적으로 확인되는 구조인데, 그러한 구조가 경산지역에서 확인되었다는 점 자체가 세인의 큰 주목을 받았다. 적석목곽묘는 묘광을 파고 내부에 나무로 만든 목곽을 설치한 후 묘광과 목곽 사이, 그리고 목곽 상부에 적석을 한 구조인데, 이러한 구조가 경산지역에 나타난다는 것은 압독국의 장송의례가 신라중심지와 밀접한 관계를 가지고 있음을 알려주는 것이다.

임당 유적의 적석목곽묘(임당G지구 5호, 6호)

적석목곽묘 다음으로 축조된 고총은 암광목곽묘이다. 임당유적 고총의 대부분이 이러한 구조인데, 사실 이 명칭은 기반층인 청석 암반을 파고 내부에 목곽을 설치한 구조로 청석 암반의 가공이 기왕의 석곽묘와 같은 기능을 하였을 것이라는 추정에서 이름 붙여진 명칭이다. 그러나 사실 이름은 다르다고 해도 발굴조사를 담당한 연구원들은 앞 시기 적석목곽묘에서 발전된 구조로 보는 견해가 지배적이다. 축조 과정 역시 적석목곽묘와 동일한데 특히, 묘광을 파고 내부에 목곽을 설치한 점, 그리고 목곽과 묘광 사이에 돌을 채운 점 등은 전술한 적석목곽묘와 매우 유사한 특징을 가진다.

임당 유적의 암광목곽묘

암광목곽묘 이후에는 석실묘가 축조된다. 석실묘란 말 그대로 돌로 만든 방인데, 규모도 앞 시기의 무덤 구조보다 넓고 크며, 석실 입구에 출입구 시설이 달리기도 한다. 조영동 EII-1호 석실묘, 임당 5A 석실묘가 대표적인 것인데, 이러한 석실이 축조될 시기에 신라중심지에는 아직 석실이 채용되지 않았기 때문에 이러한 석실묘의 축조는 압독국 최고지배층의 특수한 상황에서 나타난 변화일 가능성이 높다. 여하튼 압독국에서 석실묘의 축조는 앞 시기의 묘제 변화와는 다른 좀 더 특수한 상황이 반영된 결과일지도 모르겠다.

임당 유적의 석실묘(A-2지구 2호)

압독국 고총의 구조 중 매우 주목되는 것은 주곽과 부곽의 배치다. 주곽은 무덤의 주인공이 묻히는 공간이고, 부곽은 무덤 주인공이 사후세계에서 사용할 물건들을 넣어두는 창고와도 같은 곳이다. 영남지방의 고총들은 이러한 주곽과 부곽의 배치에 아주 독특한 지역성을 갖고 있는데, 압독국의 고총은 주곽과 부곽의 폭이 큰 차이가 나고 평면형태가 한자의 '昌'자형을 닮은 것이 특징이다. 이러한 주곽과 부곽의 배치는 당시 압독국 최고지배층이 압독국만의 정체성을 과시하기 위해 창출한 무덤 구조일지도 모른다.

● 고총 내부 유물은 신라 일색

이러한 고총에서는 다종다양한 유물들이 출토되었다. 그 중 가장 주목되는 것이 바로 금동관이나 금동귀걸이, 은제 허리띠와 같은 금공품이다. 왜냐하면 이러한 금공품은 재질뿐만 아니라 고난도 가공 기술이 요구되는 것이라 아무데서 만들어지는 것이 아니기 때문이다. 그래서 많은 고고학자들은 이러한 금공품은 신라 중심지인 경주에서 제작되어 압독국의 최고지배층에게 하사되거나 선물로 증여된 것으로 이해하고 있다. 특히 정치적으로 하사된 것으로 보는 연구자들은 압독국의 최고지배층과 신라왕이 이러한 금공품을 주고받으면서 정치적 상하 관계를 유지하고 있었다고 보는데, 이러한 지배 관계를 '간접지배'로 부른다. 압독국 고총에서 출토되는 금공품은 당대 압독국의 정치적 관계성을 이해하는 데 중요한 자료가 되고 있다.

다음으로 흥미로운 것이 압독국 고총에서 가장 많이 출토되는 토기다. 토기는 주곽과 부곽에 모두 부장되는데, 특히 부곽에서는 무덤 주인공을 위해 아주 많은 양의 토기가 들어있었다. 큰항아리를 비롯해 단지, 항아리, 시루 등이 복수로 여러 점 부장되어 있는데, 아마도 사후 세계를 준비하는 무덤 주인공을 위해 공헌된 음식물을 담고 있었던 용기들로 생각된다. 압독국 고총에서 출토된 토기는 범주 상 신라 양식 토기, 낙동강 이동 양식, 경주 양식 토기이며, 전술한 바와 같이 적석목곽묘와 같은 신라식 장송의례가 압독국으로 확산되면서 신라 제기가 필요하게 되었고 결국 신라토기를 생산한 것으로 생각된다.

압독국 고총에서 출토되는 토기들은 기술상 매우 뛰어난 것으로 평가되며, 다른 어떤 지역 고총보다도 양적으로 많이 출토되는 점이 특징이다. 이러한 출토 량은 대량생산이라는 조건이 갖추어지지 않으면 불가능할 것이다. 최근 압독국의 토기 공장이라고 할 만한 가마유적이 경산 옥산동과 대구 시지동 경계에서 조사되었다. 임당 유적에서 출토된 토기와 동일한 형태를 가진 토기가 경산 옥산동 가마 공방에서 출토되고 있으므로 두 유적간의 수급관계는 확실하다고 하겠다. 경산 옥산동 가마 공방은 경주 지역을 벗어난 지역에서는 가장 큰 토기 공방으로 2,3기의 가마를 동시에 조업하면서 대량생산을 주도한 것으로 이해되고 있다.

이외에도 고총에서는 철기류도 다수 출토되었다. 철기류는 농공구류, 무기류, 마구류, 갑주류 등이 대부분인데, 농공구류로는 주로 쇠도끼와 쇠낫 등이 출토되며, 무기류로는 대도와 철창, 철촉이, 마구류로는 발걸이나 안장, 재갈 등이 출토되고 있다. 또 일부 고총에서는 철기의 중간 소재로 생각되는 철정과 같은 것도 다수 출토되고 있다.

이렇게 압독국 고총의 구조와 출토유물에서 보이는 가장 큰 특징은 역시 경주적, 신라적이라는 것이다. 초기 고총의 구조가 적석목곽묘이고 이러한 적석목곽묘를 발전시켜 암광목곽묘를 창출하였다는 것은 압독국의 최고지배자층이 경주지역의 지배층들과 매우 긴밀한 상호작용을 하고 있었다는 것을 알려준다. 또 고총에서 출토되는 금공품이 대부분 경주에서 제작되어 정치적 목적으로 압독국의 최고지배자에게 하사된 점, 출토된 토기가 범신라토기라는 점은 고총의 구조상의 특징과 같이 동일한 의미를 가진 것으로 생각된다.

이상과 같이 압독국의 고총에서 확인되는 여러 특징들은 신라 중심지와 매우 유사하며, 이를 통해 압독국의 최고지배자층은 경주의 최고지배자층과 긴밀한 관계를 유지하면서 발전해 왔음을 알 수 있다. 지금까지는 이러한 관계를 정치적으로만 보고 간접지배로 이해해왔는데 앞으로는 이러한 간접지배의 다양한 방식이나 압독국 지배층들의 정치적 대처방식 등을 고총 자료 등을 이용해 새롭게 규명해 가는 연구가 필요하다. 이러한 과제에 압독국의 고총은 문헌자료보다 더 중요한 역할을 할 것이다.

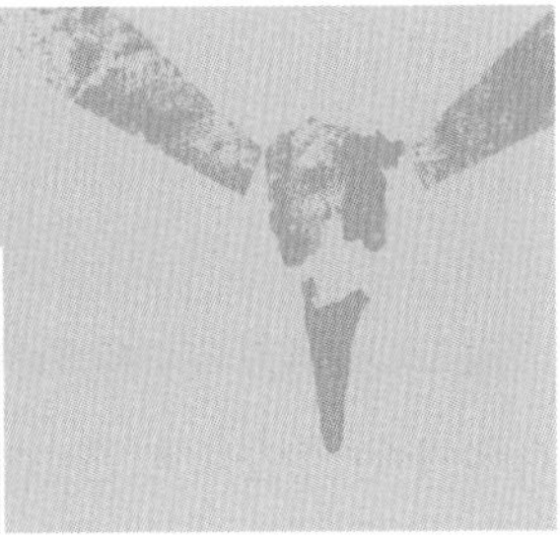

압독국 사람들의 마을과 집, 그리고 토성土城

장용석 한국문화재연구원 부원장

임당유적이 처음으로 발굴된 지 어언 30주년이 지났다. 매스컴과 언론매체를 통하여 유적의 조사경위 및 조사내용에 대하여 여러 번 언급되어 일반인들도 유적의 중요성에 대해 상당부분은 알고 있을 것으로 생각된다. 아시다시피, 경산지역과 지금의 대구시 동구 일원을 중심으로 한 지역에는 진한을 구성한 12국 가운데 하나인 '압독국'이라는 조그만 나라國가 존재했었다고 『삼국사기』에 전해지고 있는데, 문헌에 처음 나타나는 압독국 기사는 『삼국사기』 신라본기 파사니사금 23년(AD 102년)이다. 기록을 보면 압독이 신라에 항복하였다는 내용으로서, 이 기사의 내용을 사실로 믿는다면 압독국은 늦어도 기원후 2세기 초, 그렇지 않으면 1세기 대에 이미 성립되어 있었음을 알 수 있다. 이후 압독국은 신라에 복속되는데, 기록으로 볼 때 4세기 전반쯤으로 추정되고 있다.

그렇다면 압독국 사람의 생활은 어땠을까? 임당유적을 구성하고 있는 유적 가운데 당시의 사람들이 일상적인 생활을 살아가면서 남긴 마을의 모습과 토성土城이라는 방어시설물에 대해서 간략하게 살펴보자.

● 중소형 주거지 86%, 피라미드형 사회

임당유적 내에서 원삼국~삼국시대 주거지가 확인된 곳은 유적의 서쪽(F·I지구)으로서, 모두 135기의 주거지가 조사되었다. 이 가운데 I지구에서 조사된 주거지의 특징 및 유적의 성격에 대해 한 번 알아보자.

먼저, 마을과 주거지의 입지를 살펴보면, 임당 I지구 마을은 임당유적의 북서쪽에 위치하는 현재의 하궁당과 상궁당 마을이 위치하고 있는 곳이다. 조사된 주거지들의 평면 형태는 네모진 방형계통이 전체의 3분의 2정도이며, 나머지가 둥근 원형계통의 주거지이다. 조사된 주거지의 면적을 소형 30㎡ 미만, 중형 70㎡ 미만, 대형 105㎡ 미만, 초대형 105㎡ 이상으로 구분한 결과, 소형이 42%, 중형이 44%, 대형 9%, 초대형 5% 정도로 구분되었다. 이러한 구성비로 볼 때 당시 임당사회는 기층민(일반인)과 중간층이 다수를 차지하는 피라미드식 구조로서 사회의 분화정도가 상당히 이루어졌음을 알 수 있다.

조사된 주거지 가운데 35호 주거지의 규모는 13×11m(143㎡) 정도로, 요즈음의 주택과 비교해도 큰 편이다. 이 정도 규모의 주거지는 영남지방 원삼국시대 유적에서 조사된 예는 거의 없는 것으로 알려져 있으며, 출토유물로 볼 때 2C 후반, 늦어도 3C 전반에 축조되었을 것으로 추정되고 있다. 주거지의 규모, 출토유물의 양을 통해 볼 때 당시 최고지배층과 관련된 주거지일 가능성이 높다고 판단된다.

한편, 주거지의 내부시설로는 부뚜막(부엌의 일부분으로서 조리를 할 수 있는 공간)과 고래시설(돌을 사용하지 않고 점토만을 이용해서 연기나 열기가 지나갈 수 있도록 만든 통로)이 설치되어 있는데, 부뚜막은 대부분 주거지 내에 1개가 서쪽 또는 북서쪽 가장자리에 설치되어 있다. 고래시설은 북쪽으로 진행되면서 ㅡ, ㄱ, ㄷ 등의 형태를 나타냈다. 부뚜막과 고래시설의 위치 선정은 난방, 배연(연기를 배출하는 것), 공간활용과 관련 있기 때문인데, 이처럼 방향성이 어느 정도 고정되는 현상은 주거지가 설치된 지형과 관련이 깊을 것으로 판단된다. 즉 임당 유적의 경우 동-서쪽은 대체로 편평한 반면, 남-북쪽은 북쪽이 남쪽에 비해서 상대적으로 높다. 따라서 배연을 위해서는 주거지의 내부에서 상대적으로 높은 쪽에 고래시설을 설치하는 것이 가장 효율성을 높일 수 있었을 것이다. 고래시설은 모두 점토를 이용하여 축조하였으며, 터널형의 구조로 설치되었고 너비는 대체로 15~35㎝ 정도이다.

부뚜막의 중앙에는 20㎝ 내외의 할석 1매를 이용하여 수직으로 세운 다음, 주위를 점토로 발라 지각支脚으로 사용하였다. 지각을 설치하는 이유는 솥을 받치기 위한 용도였는데, 이는 솥의 열효율을 높이고 솥의 무게를 분산시키는 역할을 한다. 그리고 지각의 주변에서는 취사용기로 사용된 노형토기, 장란형옹, 첨저발, 연질발, 양이부호, 적갈색연질옹과 동물뼈 등이 출토되었다.

주거지 조사 전경

주거지 조사 전경

주거지 출토 유물

다음으로는 임당 마을유적의 性格에 대해 살펴보자. 주거지를 포함한 마을유적을 검토한 결과, 임당Ⅰ지구에 주거지가 축조되기 시작한 시점은 대부분 기원후 2C 중반~3C 전반에 축조되기 시작하여 4C 전반후엽 이전까지 존속했던 것으로 판단된다. 그리고 임당유적에서 초대형주거지인 35호의 예를 통해 볼 때, 앞에서도 언급하였듯이 최고지배층과 관련되었을 가능성이 높다고 판단되는데, 이러한 대형주거지의 축조가 지금까지 영남지방에서 조사된 타 유적보다 압도적으로 많은 이유도 임당유적의 성격을 말해주는 것이 아닐까 생각된다.

아울러 대형주거지가 축조될 즈음, 분묘에서도 대형목곽묘가 축조되는 현상이 발생한다.

● 신라, 주변국 통제에 토성 축조

임당유적에서는 방어시설과 관련된 토성도 확인되었다. 임당토성의 위치는 임당유적의 서쪽지역이며, 사적 300호인 임당동고분군의 북쪽에 위치한다. 토성은 능선의 경사도가 심한 자연경사면을 이용하여 축조하였으며, 해발고도는 약 59~65m 정도이다. 토성의 최대 규모는 동-서 120m, 남-북 350m 정도의 장방형에 가까운 타원형이었을 것으로 추정되는데, 이는 조사당시 북쪽지역은 택지개발을 위하여 발굴조사가 진행되기 전에 이미 파괴가 이루어진 상태였으며, 남쪽은 사적지구로 지정되어 있어 조사를 진행할 수 없었기 때문이다. 조사된 토성의 길이는 240m 정도이다.

토성의 내부공간에서는 초기철기시대 목관묘, F지구에서 조사된 기원후 2~3C대 주거지 및 부속시설 등이 조사되었으며, 토성의 사용기간 동안 삼국시대 분묘의 조영은 이곳 내부에서는 이루어지지 않았다. 이는 목관묘 단계 이후부터 이 일대가 생활유적 및 방어시설인 토성 축조구역으로 그 기능이 변화했기 때문인 것으로 추정된다. 한편, 토성의 직하(아래층) 및 내부에서는 기원후 2C 후반~3C 대에 해당하는 주거지 58동이 확인되었으며, 토성 내부인 능선 상부 쪽으로도 계속해서 분포함이 확인되고 있어 능선 정상부 쪽의 면적을 감안한다면 토성이전에 축조된 주거지들의 수는 모두 100여동 이상으로 추정할 수 있다.

주거지들의 내부에서 출토된 유물로 볼 때, 임당토성의 축조는 대체로 기원후 4C 전반으로 생각되며, 아무리 늦추어 잡더라도 4C 중반 이후는 넘지 않을 것으로 생각된다.

이처럼 압독국의 중심부에 토성이 축조된 배경을 살펴보면, 여러 연구자들의 연구결과 사로국에 의한 주변국들의 통합과정에서 성립한 것이 신라이며, 신라는 새로 편입된 광역화된 지방을 지배하기 위하여 재지在地 우두머리인 수장을 통하여 그 지역을 간접적으로 통제하는 간접지배 방식을 취했으며, 또한 지방의 주요 거점에 군사적 용도로 사용하기 위하여 토성을 축조하였던 것이다.

토성 조사 전경

● 생활 · 공동묘지 · 방어진지 복합유적

마지막으로, 한국 고고학 조사에서 가장 중요한 유적 가운데 하나로 꼽히는 임당유적이 공식적으로 세상에 알려진지 이제 30년이 흘렀다. 그 동안 임당유적 내에서는 수많은 조사가 이루어졌으며, 이를 바탕으로 연구 성과 또한 큰 진전을 이루었다.

조사결과 중요한 2곳에 대해서는 국가에서 사적으로 지정했는데, 임당동고분군이 사적 300호로, 조영동고분군이 사적 331호로 각각 지정되었다. 그리고 최근에는 이 두 유적을 묶어서 사적 516호로 지정하였다고 한다. 이는 임당유적의 중요성을 단적으로 보여주는 것이 아닌가 생각된다. 두 유적은 조사 후 외형이 복원되어 웅장한 모습을 후손들에게 보여주고 있으며, 그곳에서 출토된 다양한 유물은 1600년전 이 지역을 다스렸던 지배자들의 모습을 간접적으로 우리에게 보여주고 있다.

아울러 집자리와 토성이 조사된 임당유적은 죽은 사람들의 매장을 위한 공동묘지적인 성격과 더불어 일상생활을 영위했던 생활터전, 그리고 방어를 위한 시설물이 함께 축조된 복합유적임을 확인할 수 있었다. 이처럼 중요한 유적인 임당유적이 지역민의 평생학습과 관련된 다양한 프로그램을 통해서 새롭게 태어났으면 하는 바람을 가져 본다.

환호環壕와 토성土城이 들려주는 이야기

하진호 영남문화재연구원 조사연구실장

● 환호 · 토성, 유적 형성과정 열쇠

임당유적은 경산시 임당동·조영동, 압량면 부적리·신대리 일대의 나지막한 구릉에 분포하는 유적으로 사적 제300호 임당동고분군과 사적 제301호 조영동고분군 그리고 부적리고분으로 유명한 원삼국·삼국시대 지역의 중심고분군이다. 또한 『삼국사기』기록에 나타난 진변한의 소국 중의 하나인 압량소국·압독국의 옛 지역임이 발굴조사를 통해 밝혀져 유적의 중요성을 더하고 있다.

1980년대 초 발굴조사가 시작된 이후 현재까지 지점을 달리하며 1600여기의 무덤과 마을터, 토성, 환호, 저습지 등이 확인되었으며, 여기에서 2만 5000여점이나 되는 방대한 양의 유물이 출토되었다. 유적은 서기전 2세기부터 서기 7세기까지 약 1000년 가까운 세월동안 이어졌음을 발굴조사를 통해 알 수 있었다. 임당유적이라 하면 대부분 금동관, 금동관식, 은제허리띠가 출토되는 고총고분에 관심이 가는 것이 일반적이지만, 이 유적의 형성과정을 연구하기 위해서는 환호와 토성의 이해가 필수적이라 하겠다. 대략 임당유적에서 확인된 환호는 서기전 2세기, 토성은 서기 4세기에 축조된 것으로 파악된다.

● 구릉을 감싸는 이중환호의 발견

환호는 일정한 공간을 둘러싼 도랑이란 의미를 가지며, 토성은 흙으로 쌓아올린 성루를 의미하는 것인데 이 둘은 기본적으로 방어나 구획 시설의 의미를 가지는 것으로 볼 수 있다. 또한 이 둘은 특정지역에 장기 지속적으로 취락을 영위하기 위한 하나의 기념물적인 것으로도 이해할 수 있어 환호나 토성의 축조는 지역의 중심지에서 종종 확인되는 사례가 많다. 임당유적의 환호를 살펴보도록 하자.

환호는 사적 제300호 임당동고분군과 임당토성이 축조된 구릉과 북편으로 마주하는 야트막한 구릉에 위치한다. 환호가 조성된 지점은 북사면이 급경사를 이루고 남사면은 곡부가 형성되어 있어 다른 지점과 분리된 것 같은 입지조건을 갖추고 있다. 1997년 임당동택지개발사업과 관련한 발굴조사에서 환호의 일부가 확인되었고 2008년 임당동 208번지 주택건설과정에서 그 나머지가 확인되었다. 환호는 구릉을 감싸듯이 설치되었는데 동서방향으로 두 개의 도랑이 나란하게 배치된 이중환호의 형태를 하고 있다. 환호가 감싸는 공간을 중심으로 북쪽의 것을 내환호, 남쪽의 것을 외환호라 부른다.

내환호는 현재까지 확인된 길이가 100m이며 너비는 최소 1m, 최대 2.5m에 이르고 깊이는 1~1.5m 정도이다. 환호의 단면은 'U'자 형태이며 바닥은 일부 잔자갈이 깔려있는 곳을 제외하면 별다른 시설은 없다. 내환호는 호상으로 돌아가다 두 군데 끊어지는 곳이 확인되는데 이곳이 출입구 시설로 판단되며 그 폭은 1.4m 정도이다.

외환호는 내환호의 아래쪽으로 2.5~5m의 사이를 두고 나란하게 돌아간다. 현재까지 확인된 길이는 112m이며 너비는 최소 1.5m, 최대 3.2m여서 내환호보다 규모가 크다. 깊이는 1m 내외이며 단면형태는 내환호와 동일하다. 외환호 역시 출입구 시설이 두 군데 확인되며 내환호 출입시설의 위치와 동일하다.

이중환호 바닥 및 매몰토에서 확인되는 유물은 삼각형 덧띠토기, 검은긴목항아리, 두형토기, 소옹, 가락바퀴, 그물추, 칼손잡이끝장식 등의 토도류와 돌도끼, 숫돌, 간돌칼, 바퀴날도끼, 돌화살촉 등의 석기류 외 단조철부와 같은 철기도 출토되었다.

● 집터 없어 신성한 장소 경계 짐작

환호의 조성시기와 폐기시기는 환호바닥에서 출토된 유물과 환호상부에 조성된 주거지의 연대를 통해 가늠해 볼 수 있다. 환호바닥에서 그 출토빈도가 가장 많은 덧띠토기의 연대로 보아 서기전 2세기경으로 추정되며, 폐기시점은 환호 상부에 조성된 주거지의 연대를 보아 그 하한은 서기 2세기를 넘어서지는 않을 것으로 판단된다.

원래 환호는 선사시대 마을 간의 긴장관계에 따른 방어시설, 주변 야생동물로부터 마을을 보호하기 위한 울타리, 환호를 중심으로 내부와 외부를 구분하는 상징적 경계, 배수의 기능, 의례의 기능 등 다양한 기능을 가진다. 임당환호의 경우 초기철기시대의 것으로 환호로 둘러싼 공간에 이 시기의 마을은 확인되지 않았다. 따라서 마을을 보호하거나 구분하는 기능으로 파악하기 어렵다. 환호내부의 협소한 공간, 임당유적 내 북서 편에 치우친 독립구릉에 입지한 것과 같은 지형적 조건이나 환호내부에서 집터가 확인되지 않는 점을 통해 볼 때 마을을 감싸는 환호가 아니라 특정한 장소 즉 신성한 장소(의례의 공간)를 감싸는 곳으로 이해하는 것이 바람직할 것으로 판단된다. 한반도남부의 청동기시대 후기와 초기철기시대의 유적 중 이와 같은 사례가 드물지 않게 확인되는 것도 임당환호의 성격을 이해하는 데 참조가 된다.

● 외부 침입에 방어하기 좋은 토성

다음은 임당유적에서 확인된 토성에 대해 살펴보자.

토성의 축조는 몇 개의 마을이 힘을 모아 축조할 수 있는 구조물은 아니다. 대규모의 인력을 동원하고, 장기간의 시간을 들여 축조해야 하므로 그 지역집단의 규모가 준 국가체제를 갖추지 않으면 불가능하다고 판단된다. 따라서 임당토성의 축성은 임당지역집단의 새로운 취락재편을 수반하게 되었을 것이다.

임당토성은 사적 제300호 임당동고분군의 북쪽능선에 위치한다. 이 일대는 임당유적분포권 중 가장 높은 곳에 해당한다. 해발 75~60m인 구릉의 가운데는 평탄면을 이루고 있고 사면도 매우 완만한 편이다. 지형적 조건을 본다면 주변을 두루 조망할 수 있어 외부의 침입으로부터 방어하기도 유리할 뿐 아니라 주거공간으로 이용하기도 매우 유리한 위치임을 알 수 있다.

임당동택지개발사업과 관련한 발굴조사과정에서 토성 구축과 관련한 나무기둥永定柱(F지구)과 성벽의 일부를 확인할 수 있었는데(G지구), 이를 토대로 토성의 전체를 추정해 보면 평면형태는 장타원형이며, 규모는 남북 350m, 동서 120m, 둘레 950m의 비교적 소규모 토성에 해당한다.

토성의 축조는 직경 50~80cm의 기둥구멍에 나무기둥을 좌우 대칭으로 설치하고 그 내부부터 판축상의 성토를 통해 성벽 중앙부를 축조하고, 그 다음에 성벽 외측에 덧붙여 판축상의 외벽 성토를 함으로써 토성의 축조를 마무리하였다. 2열의 나무기둥 간의 폭은 4.5m이고 각 열의 나무기둥 설치 거리는 1m 정도이다. 잔존 성벽의 높이는 1.5m이고 성벽의 폭은 중앙부가 4.5m, 외벽은 1.6~2.8m 정도이다. 임당토성의 축조방식은 기저부 석축열이 없고 나무기둥 간격이 조밀하다. 또한 판축구간 단위는 7~10m 정도를 보이고 있다는 점에서 6세기 이전 백제 및 신라지역의 초기 토성축조 형식을 따르고 있다.

임당토성은 나무기둥 열의 하층에서 3세기까지 존속한 주거지군이 조사되어 토성축조의 상한은 3세기를 상회하기 어렵다.

구체적으로 살펴보면 토성축조 당시에 유입된 것으로 판단되는 영정주 및 성벽중앙부 출토유물은 대부분 고식도질토기인 격자타날문토기, 승석타날문목짧은항아리, 평저적갈색연질옹 등, 4세기 초반 유물들이 중심을 이루고 있다. 따라서 토성의 축조는 이르면 4세기초반, 늦어도 중반에는 축성한 것으로 판단된다. 그리고 토성 내부 후대 퇴적층에서는 6세기대의 단각화 된 고배가 출토되고 있는 점으로 보아 토성의 존속기간은 4세기에서 6세기 대일 것으로 판단된다.

토성의 연대는 임당유적에서 확인된 저습지·주거지(I지구)·고총고분 및 분묘군의 존속기간과 일치하므로 임당토성을 중심으로 임당유적의 취락구조가 형성되었을 것으로 판단한다. 압독국의 국읍지로 비정되는 임당유적은 서기전부터 환호를 갖춘 중심마을로 자리매김하였고 이후 목관묘군의 조성, 목곽묘로의 전환을 거쳐 고총고분을 축조하는 지방거점세력으로 성장하였다. 이 과정에서 토성의 축조는 압독국의 해체와 함께 신라중앙정부와 긴밀한 관계 속에서 지역정치체로 발전하였다.

환호유적 전경

환호유적 출토 유물

‘임당유적의 타임캡슐’ 저습지유적 살펴보기

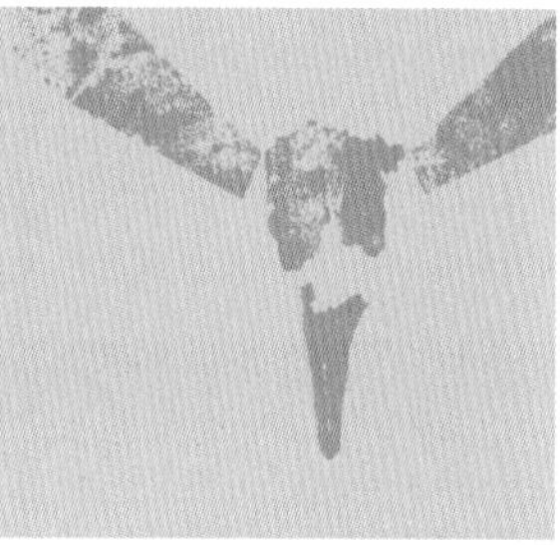

박승규 영남문화재연구원 원장

경산 임당유적의 발굴이 처음 시작된 것은 1982년의 일이다. 지금껏 임당유적의 발굴을 통해 압독국에 대해 제법 많은 사실들을 알게 되었지만, 그래도 아직 밝혀내지 못한 게 많기만 하다. 발굴이라는 것은 먼 옛날의 일들에 대해 아주 조금 알 수 있을 뿐, 아직도 더 많은 노력을 기울여야 하는 이유가 그 때문이다.

임당유적에 대해서는 이미 많이 다루어졌기에 간략히 살펴보면, 초기 철기시대로부터 삼국시대에 이르기까지 분묘유적과 생활유적이 함께 만들어진 대규모의 복합유적이라는 사실, 대형의 봉토분을 비롯하여 목관묘, 목곽묘, 적석석곽묘, 석곽묘 등의 분묘와 주거지, 환호, 토성, 저습지, 적심건물지 등의 생활유적으로 이루어져 있다.

임당유적이 학계에 관심을 끈 것은 1982년 영남대학교 박물관에 의해 임당동 고분군을 발굴하면서부터 비롯되었으며, 1986년에 임당유적 일대가 택지개발사업지구로 지정되고 그 후 조영동 고분군에 대한 추가 발굴조사가 실시되었다. 이때까지의 발굴조사와 달리 1995년부터 1997년까지 영남문화재연구원의 발굴조사에서는 환호와 주거지, 토성, 저습지 등 새로운 성격의 유적들이 속속 확인됨으로써 임당유적의 또 다른 모습을 보게 되었다.

영남문화재연구원의 임당유적 발굴조사는 토성, 주거지, 저습지, 환호 등 생활유적이 주를 이룬다. 이들의 조사내용을 되짚어보면, 임당토성은 목주와 토루로 이루어져 있음을 파악할 수 있었고 토성의 내부와 하층에서 굴립주건물지와 주거지가 대규모 군집을 이루고 있음이 파악되었다. 토성은 해발 60~66m의 구릉에 위치하며 잔존 구릉의 양상으로 보아 남-북 350m, 동-서 120m 정도이다. 토성은 F지구에서 130m, G지구에서 65m 정도 파악되었고 이를 토대로 전체 길이를 추정하면 950m 정도의 규모이다. 토루의 기저부 폭은 10m 정도이며 2열의 목주열을 중심으로 높이 1.2m 내외의 토루를 축조하였고 목주의 설치는 폭이 420~540cm이고 목주 간의 거리는 1m 내외로 일정치 않다. 토성의 축조시기를 명확히 제시하기는 어려우나 토성과 하층 주거지와 층위관계, 내부 출토유물 등으로 보아 4세기경에 축조되어 6세기까지 사용된 것으로 추정된다.

또 하나의 발굴구역인 I지구에서는 환호, 주거지, 저습지가 조사되었으며, 최근에 이루어진 임당동 208번지 유적의 발굴조사에서 환호유구가 추가로 조사되었다. 임당동 환호는 해발 50m 정도 되는 지점의 구릉을 호상으로 둘러싸고 있으며, 내외의 이중 환호로 길이 60m 정도가 조사되었다. 환호의 폭은 1.5m 정도이고 깊이는 1m 내외이며, 내외 환호 사이는 3~4m 떨어져 있고 환호의 일부분은 끊겨있어 출입부로 추정된다. 환호유구에는 삼각점토대토기가 출토되는 것으로 보아 초기철기시대에 만들어진 것으로 보이며, 상층에 3~4세기대의 주거지가 축조되어 있다. 임당동 주거지는 I지구에서 60기, 임당208번지에서 17기가 조사되었으며, 평면형태는 말각방형 또는 장방형이 주를 이루나 원형을 이루는 것도 있다. 주거지는 대부분 화재로 인해 불탄 상태로 조사되었으며, 부뚜막과 구들이 만들어져 있고 바닥을 불다짐한 것도 있다. 주거지에는 기둥과 서까래로 사용된 목재들이 불탄 채로 다수 확인되었고 내부에는 취사용으로 사용된 일상토기들이 출토되었다.

임당유적의 생활유적은 분묘군의 서쪽부분에 일정한 경계를 이루면서 위치하는데, 서북쪽의 나지막한 구릉에 만들어진 환호, I지구의 평지와 완경사면에 자리잡은 주거지, 그리고 토성지역의 3개 군으로 나뉘어 분포한다. 이들 생활유적을 시기별로 열거해 보면, 기원전 2세기 전후의 환호, 기원후 3~4세기경의 주거지, 4~6세기경의 토성, 7세기경의 적심건물지로 구분되며, 일시적인 이동과 정착이 반복되었음을 추정해 볼 수 있다. 이들 생활유적의 자료는 기왕에 조사된 고분 자료와 연계하여 연구함으로써 임당유적의 종합적인 문화상 연구에 커다란 기여를 하고 있다.

경산 임당유적 저습지 전경

지금 다루고자 하는 임당유적의 이야기는 1997년에 영남문화재연구원에 의해 발굴된 저습지에 관한 것이다. 필자는 저습지유적에 대한 발굴조사에 참여하였던 한 사람으로서 지금 돌이켜보건대 아쉬운 점이 한두 가지가 아니다.

저습지는 임당토성과 환호가 위치하는 남과 북 양 구릉 사이의 계곡부에 형성되어 있다. 저습지에는 2개의 문화층이 형성되어 있는데, 상층부는 7세기를 전후한 시기의 적심건물지가, 그 아래에는 3~4세기대의 주거지군과 동시기로 추정되는 저습지 층이다. 저습지는 최대깊이 170cm정도, 동-서 110m, 남-북 12~40m 규모로 형성되어 있으며, 미조사지역을 고려하면 그 규모는 확대될 것으로 추정된다. 저습지는 S자 모양을 이루는 계곡부로 전체의 조사가 이루어지지 않아 형성과정에 대해서는 확실히 밝혀낼 수 없었으나 저습지 바닥의 출토유물을 고려할 때 기원 전후의 시기로 추정된다. 저습지의 원래 모습은 계곡부를 따라 형성된 유로였으나 기원 전후의 시기로부터 3세기경에 이르는 어느 시기에 치수용 제방이나 보堡에 의한 저수지(소택지)가 일정 시기동안 만들어졌다가 그 후 자연적인 퇴적이 이루어져 저습지가 점차 형성된 것으로 보인다. 저습지에서는 통형고배와 노형기대를 비롯한 토기류, 토구와 소형토제품, 골각기, 철기, 목재유물, 패각류와 동물뼈 등이 다종다양한 유물들이 출토되었다.

경산 임당 저습지 출토 목제 갓을틀

경산 임당유적 저습지 출토 골각기 각종

저습지의 발굴과정과 양상을 살펴보면, I지구의 주거지를 조사하는 과정에 적심건물지와 연지, 우물 등이 함께 노출되어 오랜 기간 사용된 취락으로 파악하고 조사를 진행하였다. 이 때 연지와 우물지의 내부조사를 실시하던 중에 하층에 뻘층과 비슷한 습지가 형성되어 있음을 알게 되었으며, 이로부터 상부의 적심건물지와 연지의 조사와 병행하여 저습지에 대한 전면조사에 돌입하게 되었다. 저습지유적에 대한 조사는 10m~10m 크기의 피트를 20여개 설치하여 피트별 토층조사와 내부조사를 병행하였다. 조사과정에 S자형의 유로를 파악하게 되었으며, 유로 내부에서 흑도장경호, 와질파수부옹, 오수전, 청동환, 철제검파두식, 마노옥, 절자옥 등과 3~4세기의 토기류, 이형토제품, 토구, 철기류, 골제품, 석제품뿐만 아니라 점치는 뼈로 알려져 있는 복골을 비롯한 제사와 관련되는 자료들이 많이 출토되었다. 이러한 점에 비추어 볼 때 S자형의 유로가 저습지로 바뀌기 이전에는 저수지(또는 소택지)로서 수변제사의 의례가 치루어졌음을 알 수 있다.

저습지유적의 2개 문화층 중 하부의 습지는 3개의 층으로 다시 나눌 수 있으며, 평면적으로는 유로의 범위가 점차 축소되는 양상을 보이기도 한다. 저습지에서 수습된 유물은 토기류가 여러 피트와 각 층위별로 두루 분포하고 있으나 저습지 형성 당시의 환경적 특수성으로 인해 유물의 명확한 층위구분이 이루어지지 않는 경우가 다수 있어 아쉬움도 없지 않다.

저습지는 자연 퇴적에 의해 매립되었는데 Ⅰ층(1~4층)은 사질토, Ⅱ층(5~7층)은 흑갈색점토와 유기물, Ⅲ층(8~9층)은 청흑갈색(10~40cm 두께)과 유기물로 이루어져 있었다. 중심 토층에 의한 층위 파악과 함께 피트별 층위조사에 의한 내부조사를 실시하였으며, 이러한 층에 의해 유로의 변동과 순차적인 퇴적이 진행되어 저수지의 매립에 의한 저습지가 형성된 것으로 파악된다. 또 저습지의 내부로 돌출된 부분에는 주거지군과 토성지역을 연결하는 목교가 있었을 가능성을 그 주변의 목주혈과 목주를 통해 추정할 수 있다.

임당 저습지 조사는 전면조사가 이루어지지 않아 제방이나 보 등 기타 시설이 확인되지 않았다. 명확한 성격 규명이 이루어지지 않았으나 수변제사행위로 추정되는 유물의 존재(복골; 점뼈, 토구(묵서), 미니츄어 등)와 패각류의 존재로 보아 일정 수심을 가진 저수지가 처음 형성(대체로 기원 전후의 시기)되었다가, 토층상 저습지 면적이 점차 축소되는 것으로 보아 저수지에서 소택지로 바뀐 후 완전한 매립이 이루어져 주거지로 전환되었을 것으로 짐작해 볼 수 있다. 이러한 임당 저습지의 원래 모습은 저수지 또는 소택지의 양상일 것으로 추정되며, 시간적으로는 차이가 있지만 안동 저전리유적의 청동기시대 저수지와 유사하여 앞으로의 연구가 주목된다. 그리고 저습지 외곽 상부에서 발굴된 고비古碑의 기사 성격에 대해서도 적심건물지 축조와 관련된 것으로 보는 기존 견해와 임당 저수지의 제방 축조와 관련 있을 것으로 보는 새로운 견해가 제시되어 앞으로의 연구를 기대해 볼 만하다.

저습지유적의 출토유물은 토기가 대부분을 이루는데, 일부 와질토기가 존재하나 고식도질토기가 중심을 이루고 있다. 옹, 호, 고배가 주를 이루고 컵형토기, 광구소호, 기대 등이 보인다. 함안, 부산, 김해지역과 일본의 하지끼土師器 등 외래계 토기가 확인되어 4세기대 도질토기의 대외교류를 연구하는 데 좋은 자료가 되고 있다. 특히 임당 저습지에는 저습지의 특수 환경에 의해 다수의 목기가 수습되었는데, 갑옷을 만들던 목형과 베틀부속구, 나막신, 칠기그릇, 각종 건축부재가 수습되어 당시의 목기문화를 살필 수 있는 커다란 성과를 거두게 되었다. 그리고 저습지 유적이 원래 저수지였다는 사실을 알려주는 패각류가 다수 발굴되었으며, 골촉과 골침을 비롯하여 용도미상의 골각제품과 말, 소, 돼지, 개 등의 동물뼈도 수습되었다. 그리고 앞서 언급한 바와 같이 저수지가 매립되는 과정에 수변제사가 치루어졌음을 알 수 있는 점치는 뼈(복골), 얼굴그림 등 다양한 묵서가 그려진 토구, 소형의 국자모양, 잔모양, 단지모양 등의 미니츄어도 다수 수습되었다. 이외에도 방추차, 어망추, 내박자, 토제곡옥과 소옥, 이형토제품 등을 비롯하여 철촉과 철겸, 철도자가 있으며, 오수전五銖錢도 최하층에서 수습되었다.

임당 저습지에서 발굴된 토기, 목기, 골각기, 철기, 동물유체 등 다종다양한 유물들은 3~4세기 압독국의 생활상과 제사를 치루었던 의례, 대외교류양상 등 당시의 많은 사실들을 전해주고 있어 이른바 압독국의 타임캡슐이라고 불러야 할 것 같다.

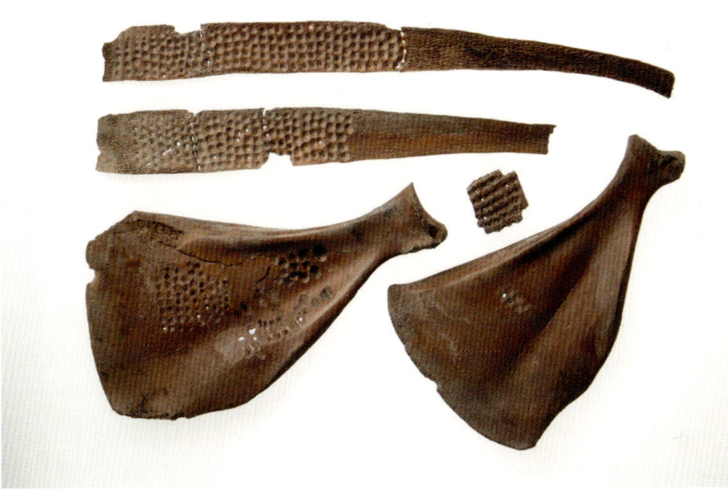

경산 임당유적 저습지 출토 복골(점치는 뼈)

경산 임당유적 저습지 출토 모형토기

토기생산의 정치경제학, 압독국의 토기 공방

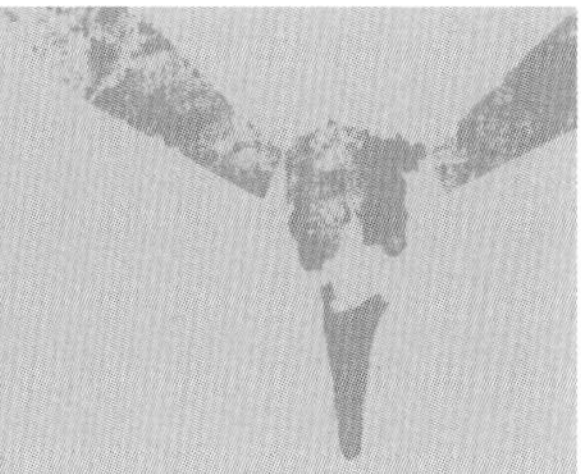

김대환 국립중앙박물관 학예연구사

압독국은 토기가 특산물이라고 할 만큼 질이 좋은 토기를 대량 생산한 것으로 유명하다. 특히 압독국 지배층의 무덤이나 일반 사람들의 무덤에서는 엄청난 양의 토기가 출토되고 있는데, 이러한 토기를 대량생산할 수 있었던 것은 압독국 공방의 생산 수준이 매우 뛰어났음을 알 수 있다. 그러한 압독국의 토기 생산 과정을 잘 보여주는 유적이 현재 대구시립시지노인병원이 위치하는 자리에서 조사되었다. 대구 욱수동과 경산 옥산동의 경계에 위치하는 이 가마 유적은 경산 옥산동 가마 유적 또는 옥산동 토기 공방 유적으로 불리는데, 41기나 되는 토기 가마가 조사되어 압독국의 토기 생산 중심지가 바로 여기임을 알 수 있게 되었다. 또 지금까지 무덤에서 출토된 토기와의 비교를 통해 압독국 무덤 출토 토기들은 대부분 여기에서 생산된 소위 '옥산동 토기 공방 제품'임을 확신할 수 있었다. 즉, 다시 말해 이 유적은 압독국 최대의 토기 공장이었던 셈이다.

옥산동 토기 공방 유적에서는 토기를 만드는 데 필요한 제반 시설이 모두 확인된 점이 큰 특징이다. 토기는 크게 '흙 구하기·형태 만들기

·굽기' 라는 과정을 통해 제작되는데, 이러한 과정을 모두 여기서 한 것이 명확하게 확인되었다. 또 가마의 위치로 볼 때 한 번에 하나의 가마를 조업한 것이 아니라 한 번에 2~3개의 가마를 동시 조업한 것이 확인되었다. 가마의 위치가 1개씩 단독으로 분포하는 것도 있으나 일부는 2~3개가 나란히 분포하며 시기도 동일 시기로 판단되기 때문에, 이 공장에서는 한 번에 2~3개의 가마를 동시에 운영해 토기를 구웠던 것으로 판단된다. 또 이곳에서 생산된 토기들은 무게가 아주 가볍고 그릇의 크기도 규격성을 띠는 것으로 밝혀졌다. 그릇의 무게가 가볍다는 것은 소량의 점토로 하나의 토기를 제작하였다는 의미이고, 규격성이 높다는 것은 동일한 크기의 토기를 연속적으로 생산하였다는 것을 말한다.

왜 2~3기의 가마를 동시에 조업시키고, 한 점의 토기를 만드는데 점토의 양을 표준화하고 토기의 크기를 일정하게 규격화했을까? 이러한 공정은 역시 토기를 대량생산하기 위한 방법이었을 것이다. 5세기 무렵, 압독 사회에서는 무덤에 많은 토기를 부장하는 장송의례가 유행했었는데, 서로 경쟁적으로 토기를 많이 구해 부장하기 위해 노력하였고, 그러한 수요를 맞추기 위해 토기 공장의 노동자들은 업무를 분업화하고, 표준화하는 기술 혁신을 통해 수요를 맞추었을 것이다. 한 번 조업할 때에 2~3개의 가마를 동시 운영하면서 토기를 구워내었던 것도, 점토 양을 일정하게 조절해 규격성이 높은 토기를 만들어 낸 것도 모두 대량생산을 위한 공인들의 기술 혁신의 결과였던 것이다.

또 이러한 토기 공인들은 토기의 생산량으로 볼 때, 농사를 짓지 않고 토기 생산에만 1년 내내 관여하는 사람들이었을 것으로 생각되는데, 이들은 일반 노동자가 아니라 압독국이 직접 경영한 공장 즉, 오늘날로 말하자면 '국영 기업'의 노동자였을지도 모른다. 그런데 이 공장은 550년이 되면 홀연히 사라지고 만다. 무슨 이유가 있었는지 몰라도 550년

이후의 가마는 확인되지 않고 있다. 어떤 연구자는 조사가 일부만 이루어져서 그렇고 아직 조사가 되지 않은 곳을 발굴하면 550년 이후의 가마가 나올 것이라고 한다. 어떤 연구자는 토기 가마에 필요한 땔감이 모두 다 떨어져서 공장이 다른 곳으로 이동했다고 생각하고 있다. 또 다른 연구자는 550년 압독국의 지배층이 해체되는 큰 정치적 변동을 맞아 이 공장은 폐쇄되었다고 보고 있다. 이 토기 공장은 왜 550년에 홀연히 자취를 감춘 것일까?

압독국 토기의 특징은 500년 전후에 제작된 고배(굽다리접시)와 대부장경호(다리달린 목긴 항아리)에서 잘 드러난다. 고배의 경우 그릇이 얕아지고 다리가 짧아지는 신라 토기의 변화 경향과는 달리 그릇이 깊어지고 다리가 다시 길어지는 특징이 있다. 특히 나팔 모양으로 벌어지는 다리 끝 처리가 'ㄱ'자 상으로 꺾이는 고배 다리가 인상적인데, 여기에 2단으로 상하 교차된 3개의 투창을 뚫거나, 위에만 3개 배치한 것, 긴 네모 모양의 투창을 3개 배치한 것이 있다. 또 깊은 그릇 내부에는 소위 '물레 빗기'와 같은 나선형의 회전 성형 흔적이 그릇 중심부터 뚜렷하게 관찰되는 것이 특징적이다.

대부장경호 역시 이 시기가 되면 매우 특징적인 모습으로 제작되어 유통된다. 4~5단으로 구획된 목이 경사지게 길게 뻗어 올라가고, 어깨는 목과 대조되게 경사져 분명한 둔각을 이룬다. 목 외부에는 밀집되게 파상문을 시문하였는데, 파상문은 매우 복잡하며 문양이 매우 조밀하고 많은 편이다. 구연단은 외측이 길게 돌출되어 내측은 홈이 지는 모양을 띠며, 목 부분 안에는 앞의 고배처럼 물레 빗기라고 할 만큼 뚜렷한 나선형의 회전 성형 흔적이 관찰된다. 또 몸통과 어깨는 돌대 등에 의해 뚜렷이 구분되며, 어깨 아래 동체는 거의 둥근 공 모양에 가까운 형태를 지닌다. 이 동체 외면에는 평행 타날 흔적이 남아있는 경우가 많다. 다리는 1~2단으로 역시 사다리꼴의 형태로 안정감 있게 달렸는데, 2단의 경우 위에만 투창을 뚫거나 아래는 그대로 두고 위에만 투창을 뚫은 것이 있다. 또 다리 끝이 둥글거나 면을 가지는 것이 많고, 'ㄱ'자 상으로 꺾여있는 예가 많다.

소형의 잔 역시 지역성을 띠는 기종으로 잔 부분은 밖으로 벌어지다가 다시 꺾이는데, 이 구분이 분명하다. 여기에 짧은 다리가 달려있거나 다리가 달려있지 않은 것이 있는데, 출토되는 양상이 각각의 무덤에서 1~2개씩 나오는 것이 아니고 특정 무덤에서 다수가 확인되는 것이 특징적이다.

압독국 토기 중 고배와 대부장경호와 같은 제품은 앞에서 이야기한 대로 그 형태가 독특하고 많은 석립이 포함되어 있거나, 기포나 자연유가 생겨 찌그러져 있는 형태도 많이 확인되기 때문에 다양한 토기들 중에서 압독국 제품임을 찾아내기가 쉬우며, 그 높은 변별력 덕분에 유통과 같은 현상을 파악하기가 쉽다. 그래서 이러한 특징을 가진 토기들을 압독국 토기로 볼 수 있고 그 제작지의 특징을 가지고 옥산동 공방제품으로 부를 수 있다.

지금까지 조사된 자료로 보건데 옥산동 공방제품은 고대 압독국을 구성한 임당 유적 지구(임당 유적, 시지 유적, 가천동 고분군), 불로동 고분군 지구, 자인 북사리 고분군 지구, 진량 신상리 고분군 지구를 중심으로 하는 읍락에는 대부분 출토되고 있어 옥산동 공방제품 유통권에 포함된다고 할 수 있다. 이 중 특히 중심 읍락 고분군인 임당유적, 시지유적에 집중적으로 분배된 것이 확인되고 있다.

또한 이 외에도 대구 괴전동 고분군, 대구 복현동 고분군, 대구 화원 성산 고분군(이하 대구 성산 고분군), 대구 문양리 고분군 등에서 많이 출토되고 있다. 이 중 대구 복현동 고분군은 부장용 토기로 옥산동 토기공방 제품의 비율이 꽤 높은 것이 주목되는데, 이러한 사실은 이 고분군이 옥산동 공방제품의 주된 유통권에 포함된다는 것을 의미한다고 하겠다. 대구 괴전동 고분군은 경산 신상리 고분군이나 임당 유적의 적석목곽묘와 동일한 무덤 형태가 조사되었고, 여기에 부장된 토기가 경산 옥산동 공방제품이라는 점 또한 주목되는 현상이다.

옥산동 토기공방 제품의 유통 양상을 크게 압독국 내부 유통과 외부 유통으로 나누어 볼 수 있다. 압독국 내부 유통은 근거리 교환으로 볼 수 있는데, 임당 유적과 시지 유적, 가천동유적은 대부분의 제의용기를 옥산동 토기공방에서 대량으로 공급받았음을 알 수 있고, 신상리 고분군과 북사리 고분군, 불로동 고분군은 일정량의 토기만을 공급받았을 것으로 보인다.

전자와 같이 대량으로 유통되는 사례는 중심 취락을 중심으로 주변 취락이 정치·경제적으로 매우 밀접하게 연계되어 있었을 가능성이 있으며, 후자처럼 소량으로 유통된 사례는 자체적인 토기 공방을 갖추고 있으나 일정량의 옥산동 가마 제품이 확인되는 경우이다. 이렇게 소량으로 유통되는 까닭은 다음의 두 가지 요인으로 설명이 가능할 것 같다. 첫째 읍락 수준에서 자체적인 토기 공방을 갖추고 있었으나, 수요를 공급이 따라가지 못할 경우 외부 공방에서 공급받았을 때이다. 이 경우는 제의용기의 수요 부족으로 '상품商品'이나 '물품' 기능으로 토기가 유통된 것이다. 둘째 장송의례에 집단 간 제수물祭需物 증여 시 제의용기가 이동된 것일 수 있는데, 제수물을 전달하기 위해 부수적으로 유통되는 경우가 있다. 특히 후자의 경우에는 위계별로 다양한 요인이 나타날 가능성이 높으므로 지배층과 지배층 간의 제의용기 교환은 우선적으로 후자일 개연성이 크다.

다음으로 압독국 외부 유통은 원거리 교환으로 이해된다. 압독국 외부로 유통되는 이유는 외부 집단의 수요에 의한 것일 수도 있고, 외부 정치체에 대한 압독국의 특수한 목적에 따른 증여일 수도 있다. 복현동 고분군의 경우에는 대구 지역 정치체에 포함됨에도 불구하고 다량의 압독국 토기를 소비하고 있는데, 이러한 이유는 제의용기의 수요에 따른 공급이 이루어졌기 때문일 것이다. 또, 대구 성산 고분군에 분배된 토기는 부장된 고분의 위계가 높기 때문에 지배층 간에 특수한 목적으로 증여된 후자의 대표적 예일 가능성이 크며, 어쩌면 조문과 같은 행위를 통해 이입되었을 가능성도 있다고 생각된다.

경산지역 출토 대호

경산지역 출토 '압독국식' 고배

경산지역 출토 '압독국식' 대부장경호

명품은 시대를 초월한다 '압독국의 화려한 장신구'

김재열 한국문화재재단 연구원

오늘날 '명품'은 시대를 초월해 이름이 널리 알려진 뛰어난 물품을 의미한다. 화려한 예술 작품부터 고가의 악세사리까지 그 종류는 다양하다. 그럼 고고학 유물 가운데 명품을 꼽는다면 무엇이 있을까. 천오백여 년 전 만들어진 신라 금관과 여러 장신구는 이 순간에도 화려한 금빛을 뽐내고 있어 충분히 명품의 반열에 들 것이다.

삼국시대 신라인은 평소 금은으로 만들어진 화려한 장신구를 즐겨 사용했다. 신라 왕경 경주의 초대형 무덤을 발굴하면 어김없이 화려한 금은 장신구들이 출토되어 당시 신라에 금은 장신구가 대유행했음을 말해준다. 장신구를 실생활에 사용하고 무덤에 넣어두는 장례 풍습은 삼국시대 고구려, 백제, 신라, 가야를 비롯해 중국과 일본에서도 공통적으로 확인되는 현상이다. 하지만 순금으로만 만들어진 '금관'이 신라에만 존재하듯, 신라의 금은 장신구 문화는 다른 나라에 비해 유달리 강하게 발달했다. 신라를 '황금에 나라'로 부르는 까닭이다.

4~6세기 신라 소국인 압독국의 장신구는 어떠할까. 지금껏 발굴된 자료로 보면 압독국의 장신구는 신라의 어느 소국들 못지않게 다종, 다양한 사례가 확인된다. 금동관, 관식과 관모, 귀걸이, 반지와 팔찌, 허리

띠 장식, 신발 그리고 목걸이 등 머리부터 발끝에 이르는 장신구 모든 종류가 출토되었다. 마치 신라 속의 작은 황금의 나라로 불릴 만하다. 그럼 이제부터 압독국의 화려한 장신구 속으로 들어가서 보자.

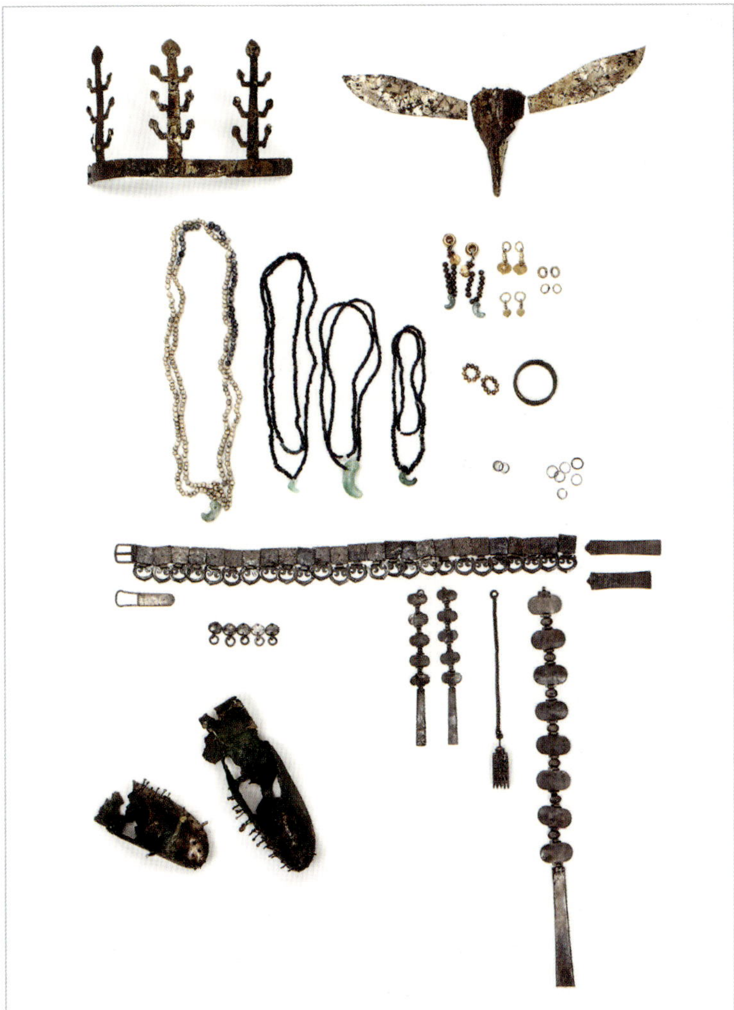

임당고총 출토 장신구

● 금동관 최다最多 발굴, 압독국

신라 장신구 중 널리 알려진 것은 금관이다. 금관은 신라 최고 지배층인 마립간의 소유품으로 지금 경주 대릉원 일대의 거대한 무덤에서만 발굴되었다. 반면 신라 소국 수장은 금관을 똑같이 재현한 금동관을 소유했고 압독국 역시 마찬가지다. 압독국의 금동관은 수장의 무덤이 만들어진 임당동과 조영동 유적을 비롯해 주변의 시지동, 가천동, 노변동 유적의 무덤에서 출토된다. 지금까지 발굴된 압독국의 금동관은 약 20여점 이상인데, 이는 신라 여러 소국에서 출토된 금동관 중 가장 많은 수량이다.

압독국 금동관의 모습은 관테에 나뭇가지 모양의 세움 장식이 솟아있고, 일부는 사슴뿔 모양 장식이 달려있다. 그리고 금동관 아래에 뜨리개 장식이 추가되기도 한다. 이른 시기 금동관 세움 장식은 좌우로 비스듬히 벌어진 모양이다. 늦은 시기로 가며 점차 직각형으로 변해 출자出字 모양으로 가지런해 진다. 마지막에는 그 모양이 생략 또는 간략하게 처리되어 흐트러진 모습으로 변한다. 신라고고학에서는 이를 시원, 표준, 퇴화형식으로 부른다. 압독국에서 시원과 표준형식 금동관은 수장의 무덤인 임당과 조영동 유적, 퇴화형식 금동관은 시지와 가천동유적에서 주로 확인된다. 이는 압독국에서 금동관의 유행이 임당과 조영동유적 수장들을 시작으로 그 아래의 시지, 가천동 유적으로 순차적으로 확산되었음을 시사해 준다.

압독국에는 금동관 외에 관식과 관모가 존재한다. 관식은 마치 새날개 모양을 닮은 장식이 솟아 있고, 관모는 머리에 올려 쓰는 것이다. 관모의 앞쪽에 관식을 꽂아 사용했다.

임당 7A호분 출토 금동관

임당7B호분 출토 금동관식

● 압독국 귀걸이의 세련미

신라 귀걸이는 순금으로 만든 중심고리, 노는고리, 중간장식, 드림이 얇은 금띠로 교묘하게 연결되어 있다. 일부는 겉면에 금 알갱이를 촘촘히 붙이고, 눈금무늬를 새겨 화려함을 더한다. 놀라운 점은 복잡한 구조를 지닌 귀걸이의 크기가 겨우 10cm 미만, 성인 손가락 길이 정도라는 사실이다. 즉 신라 장신구 가운데 귀걸이는 가장 정교하게 만들어진 세련된 물품인 것이다.

이른 시기 압독국 귀걸이는 중심고리에 드림이 달린 아주 간단한 모습이다. 다음 시기부터는 중심고리와 드림 사이에 중간 장식이 새롭게 추가된다. 중간 장식은 작은 고리를 연결한 형태, 동그란 공 모양, 원통

모양으로 차례로 변해간다. 동시에 귀걸이가 길어지고, 눈금 무늬 등을 새겨 점차 화려해진다. 압독국 귀걸이 가운데 눈여겨 볼 것은 조영동 유적 EⅡ-1호 무덤 출토품이다. 일반적인 신라 귀걸이는 중간장식이 하나씩 달려있는데, 이 귀걸이는 쌍으로 걸려있다. 제일 오래된 공 모양 장식, 작은 고리를 붙인 장식, 원통 모양 등 시기차를 보이는 중간 장식 2쌍이 달려있다. 아마도 EⅡ-1호 주인공이 생전에 하나씩 모은 것으로 보인다. 압독국 귀걸이의 변화 모습은 신라 전체 귀걸이의 변화상과 거의 동일한 궤적을 그린다. 이는 압독국이 빠르게 변화하는 신라 왕경의 귀걸이를 민첩히 받아들였음을 말해주며, 동시에 압독국과 신라 중앙 사이 장신구를 매개로 한 긴밀한 관계를 유지했음을 뚜렷이 시사하는 고고학 증거이다.

조영 EⅡ-1호 출토 귀걸이

● 간결한 반지와 팔찌

반지와 팔찌는 임동동과 조영동 유적의 무덤에서 출토되었다. 반지는 순금과 은을 사용해 손가락 굵기 정도로 둥글게 말아 제작했다. 반지 겉면을 매끈하게 다듬은 것과 얇은 은띠를 둥글게 말아 꽃모양으로 장식한 반지가 있다. 팔찌는 신라 팔찌들 가운데 상당히 고식에 속한다. 임당7A호 출토품이 대표적이며 금동봉을 둥글게 말은 간결한 특징을 보인다.

● 신라에서 가장 오래된 허리띠 장식

지금의 고고학 성과에 따르면 신라 장신구는 경주지역에서 시작해 압독국과 같은 주변 소국으로 점차 확산된 것으로 보인다. 실제로 신라에서 가장 오래된 장신구는 대체로 경주와 그 인근의 포항 등에서 주로 발굴된다. 그런데 이곳 압독국 조영동 유적 EⅢ-2호분에 신라에서 가장 오래된 허리띠 장식이 발굴되어 눈길을 끈다. EⅢ-2호분 허리띠 장식은 금동으로 만들어졌으며 풀잎 무늬葉紋 2점이 표현되어 있다. 이 같은 무늬는 중국 삼연三燕의 허리띠 장식과 일부 유사성을 보이고 있다. 신라 장신구의 기원에 대해 많은 의미를 던져주는 중요한 압독국의 고고학 자료이다.

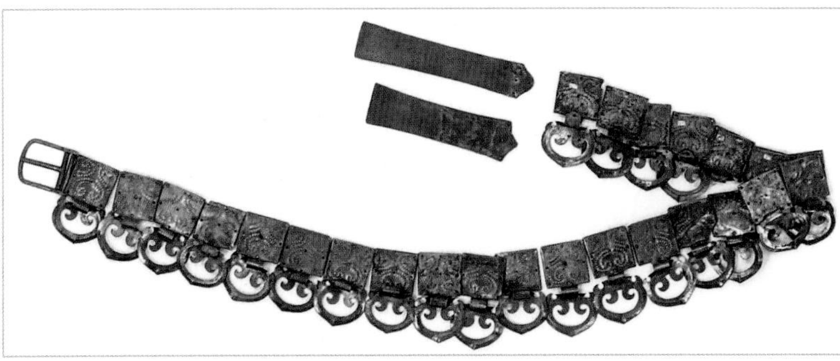

임당 6A호분 출토 허리띠 장식

● 압독국에서 만든 허리띠 장식일까

그 이후, 압독국 허리띠 장식은 용 무늬龍紋, 풀잎 무늬三葉紋 등으로 순차적으로 변화해 간다. 이 허리띠 장식은 신라 전역에서 출토된 것과 동일한 모양이다. 그 중 임당동 유적 6A호와 자인 북사리 유적 1호분에서 발굴된 허리띠 장식은 압독국에만 확인되는 무늬여서 주목된다. 일반적인 신라 허리띠 장식의 문양은 끌과 정 등으로 풀잎 무늬를 찍거나 잘라 만든다. 하지만 6A호 허리띠 장식은 송곳으로 풀잎 무늬를 찍어두었고 북사리 1호 허리띠 장식은 일부가 생략되었다. 특이한 제작 기법과 문양의 허리띠 장식이 신라 소국 가운데 유독 압독국에서만 확인되는 점은 두 허리띠 장식이 압독국에서 만들어졌을 가능성을 말해준다.

● 오직 망자를 위한 금동신발

압독국에서 금동 신발은 세 켤레가 발굴되었다. 그 중 임당동 유적 6A호분 출토품이 가장 화려한 편인데, 망자의 발에 신겨진 상태로 가지런히 출토되었다. 금동 신발의 앞 부위가 요즘의 버선처럼 살짝 들려진 모습이며, 금동 신발 겉면과 바닥에 달개 수십 점이 촘촘히 달려있다. 의문스러운 점은 당시 사람들은 금동 신발을 직접 발에 신고 다닐 수 있었을까 하는 점이다. 금동관, 귀걸이, 허리띠 장식 등은 일부 불편함은 있었겠지만 충분히 실생활에 사용했을 가능성이 높다. 하지만 금동 신발은 부서지기 쉬운 얇은 금동판으로 만들어졌고 신발 바닥에도 달개 장식이 달려 있다. 금동 신발을 발에 착용하고 한 걸음을 내딛는 순간 산산이 부서져 버렸을 것이다. 따라서 금동 신발은 실생활에 사용한 장신구가 아니며, 오직 생을 마감한 망자에게만 착용시킨 장례 전용품이었을 것이다. 압독국의 금동 신발 역시 동일한 목적으로 사용된 것이다. 상상력을 조금 덧붙여 보자. 임당동 유적 6A호분의 금동 신발 윗면에는 모종의 끈 흔적이 남아있다. 아마 망자의 두 발에 착용시킨 금동신발이 서로 흩어지지 게 띠를 한번 둘러 고정시킨 것은 아니었을까. 마치 오늘날 망자를 염습하는 것처럼 말이다.

임당 고총 출토 금동신발

장신구의 성격

오늘날 장신구는 개인의 취향에 따른 의복 치장물 정도로 인식된다. 하지만 삼국시대 신라와 그에 속한 압독국에서 출토된 장신구의 성격은 단순히 치장물에 머물지 않는다. 삼국시대의 장신구는 금, 금동, 은 등의 희귀한 귀금속을 원료로 한다. 동시에 장신구 제작은 현대에도 완벽히 재현하기 어려운 기법이다. 그런 탓에 당시 신라사회에서 장신구는 소수의 지배층만 소유할 있는 희귀한 물품이었다. 장신구를 소유하기 위해 일정 수준 이상의 정치, 경제, 사회적 지위와 성격이 뒷받침되어야 한다. 장신구를 소유함으로서 그 주인공은 그의 정치, 사회적 성격과 위세를 표현했을 것이다. 이에 주목해 고고학에서는 장신구를 위세품威勢品

규정짓는다. 압독국의 장신구는 대다수가 신라 장신구로 정의된다. 다량의 신라 장신구가 경산지역, 즉 압독국에 존재하는 사실은 압독국 집단이 신라의 중앙인 경주지역과 매우 긴밀한 관계를 유지했음을 보여준다. 장신구는 넓은 의미에서 복식服飾에 속한다. 복식은 사회 집단의 정체성을 표현하는 상징물이다. 따라서 압독국 사람들이 신라식 장신구로 복식을 갖춘 점은 그들 스스로가 신라인이라는 정체성을 공유했음을 의미한다고 할 수 있다.

압독국의 교통과 대외교류, 왕경과의 정치역학 중요

김세기 대구한의대학교 관광레저학과 교수

● 고대 경산도로의 특징

도로는 한 지역에서 다른 지역으로 가기 위한 시설이라는 측면에서 그 지역의 노선단위로 공통된 구축방법이 취해지며, 그 지역을 통과하기 쉬운 방법이 선택되어 구축되는 것이다.

경산지역에서 확인된 도로 유구를 통하여 도로 너비를 분류해보면 14곳의 도로유구 중 15m 이상이 1개소, 7~8.4m가 3개소, 4~5.6m가 6개소, 3~3.5m 4개소로 되어 있다. 이를 대로(15m 이상), 중로(10m 내외), 소로(5m 내외)로 분류하는 신라 왕경도로 분류방법으로 보면 대로가 1개소, 중로 3개소, 소로 10개소로 볼 수 있다. 그러나 여러 가지 지방도로의 여건상 왕경도로 분류법을 그대로 적용하는 것이 타당한 것인지는 좀 더 검토가 필요하다. 그리고 점차 도로의 사용이 빈번해지고 물자의 교환이 많아지면서 사람이 모이는 곳에는 도로 양편에 주거지가 생겨나고 이 건물들이 도로의 너비를 규정하기도 한다. 이러한 곳에는 장시가 서거나 여각이나 역원이 설치되어 도로의 역할이 증대되기도 하였다.

국가권력에 의해 고개 마루를 뚫거나 주변에 나무를 베어 통행하기 쉽게 시설을 하고 이를 관리하는 개념을 도입하는 도로의 개설은 기록으로 보면 삼국시대부터이다. 즉「삼국사기」신라본기 권2 아달라왕 3년(156년)에 처음 계립령로를 열었다는 기사이다. 이어 5년(158년) 죽령로를 개통하였는데, 이 기사의 연대를 그대로 믿기는 어렵다고 하더라도 국가에 의해 교통로가 개설되고 이를 국가가 관리하는 이른바 '관도官道'의 개념이 도입되었다는 데 큰 의의가 있다. 또 눌지왕 22년(438년)에는 백성들에게 우차의 사용법을 가르쳤고, 소지왕 9년(487년)에는 사방에 우역郵驛을 설치하고 담당 관청에 명하여 관도를 수리하게 하였다는 기사에서 본격적인 관도의 관리가 일반화 되었던 것이다. 경산지역에서 확인된 도로의 축조, 사용 시기도 대개 이 기사 이후의 시기에 해당되는 것이므로 왕도인 경주에서 경산지역으로 연결되는 지방관도도 있었을 것이고, 단순히 마을과 마을을 연결하는 소로도 있었을 것으로 생각된다.

신라의 수도인 경주시내의 왕경도로는 소위 '왕경대로'라고 부르는 폭 15m 이상의 대로와 10m의 중로, 5m의 소로 등이 왕경의 도시구획인 방을 동서남북으로 구분하는 방리도로로 되어 있다. 이 도로의 축조는 대개 바닥에 굵은 자갈을 깔고 그 위에 마사토와 밤 톨 만한 잔자갈을 전면에 깔아 단단하게 다져 사용하고 있는데, 요즘의 포장도로와 다를 바 없는 최고의 시설로 구축하고 있다. 그러나 위에서 본 바와 같이 지방도에 해당하는 경산지역의 도로는 전면포장한 것이 없는 것으로 보아 지방관도라 할지라도 수레바퀴에 파인 자국에 자갈을 채워 보강하는 정도로 관리한 것으로 생각된다. 그렇지만 경산지역에서 발굴 조사된 도로유적 중 경주와 경산을 연결하는 주도로는 확인되지 않았다. 그러나 도로 전면에 자갈을 깔고 측구시설을 하는 구축도로로서 중요지점을 연결하는 간선도로는 국가에서 관리하는 관도라고 생각된다. 지금까지 발굴 조사된 자료의 방향과 도로의 규모, 취락과 공방 등 주변 유구의 형태와 크기 등을 통해 경산도로의 성격을 파악할 수 있다.

● 경산의 고대 교통로

우선 경산과 관련 있는 도로유구 중 중요한 것은 봉무동 도로, 시지지구 도로, 대평동 도로, 가천동 도로 등인데, 이들 중 도로 폭 4m 이상의 간선도로 9곳 중 5곳이 금호강 방향을 향하고 있다. 이것은 간선도로가 경산지역의 중요지역을 연결하면서 경주, 대구 등 주변지역과 김해 등 원거리의 연결은 금호강, 낙동강을 이용한 수로교통과 연결되어 있음을 말해주는 것이다. 경산지역의 도로는 이렇게 경주와 대구를 연결하는 육로와 금호강을 이용한 수로를 연결하는 주요간선 도로와 그 사이에는 관내의 여러 곳을 왕래하는 지역 간 소로, 수레는 다닐 수 없고 사람이 왕래할 수 있는 오솔길 등으로 구성되어 있었던 것이다. 그리고 강과 육지로 이어지는 간선도로의 중요지점에는 배를 타고 짐을 싣는 나루시설이 발달했을 것으로 생각되지만 이에 대한 발굴조사가 이루어지지 않아 확실히 알 수 없는 실정이다.

● 고대 경산의 대외교류

고대에 있어 경산지역과 다른 지역 사이의 교역은 왕경이었던 경주와의 정치적 관계에서 가장 중요하게 이루어졌다고 생각된다. 신라의 경우 상품생산, 유통이 진전되면서 각지에서 상거래가 이루어지고 되고, 이를 국가 질서 내로 편입시켜 관리하는 것이 소지왕대의 우역제도와 시사의 개설, 관도의 수리이다. 이러한 제도의 정비는 각 지역에 국가에서 관리하는 창고를 두고 각 지역의 세금을 수취하여 보관하고 관도를 통해 이를 왕도로 운송하는 체제를 가능하게 한 것으로, 경산지역과 왕도와의 관계도 이러한 교역 시스템으로 경주의 고급물자가 경산지역으로 유입되었고, 경산지역에서 생산되는 곡식이나 과일 등의 특산물이 다른 지역으로 이동되어 교류가 이루어졌을 것이다.

그러나 경주의 사로국이 주변소국을 병합하고 왕권을 강화하여 국가체제를 정비하기 전에는 주변소국을 정벌하여 지역의 지배집단을 통제하기 위한 수단으로 위세품威勢品을 사여賜與하고 이를 매개로 지배자 집단을 정치적으로 지배하는 간접지배 방식을 취했음은 잘 알려진 사실이다. 이때 사로국의 위세품인 금동관이나. 금제귀걸이 등이 압독국으로 사여되었고, 경주산 토기도 함께 들어오게 되었다.

특수물자 교류 자료는 역시 다른 자료와 마찬가지로 고분출토 유물이 대부분이다. 우선 앞서 말한 위세품의 사여인데 대표적인 것은 임당동 7A호분에서 출토된 출자형 금동관이다. 이것은 대구 비산동고분군이나 창녕교동 고분군 등에서 출토된 것과 약간의 시기차는 있으나 거의 같은 의미로 분여된 것으로 생각된다. 이와 함께 출토되는 은제 관식이나 은제 과대장식 등도 마찬가지 의미이다.

이밖에 원거리 지역과의 교류 물품이라고 생각되는 것이 고분출토의 음식물 자료 중 바다조개와 상어뼈 등 해산물들이다. 특히 임당고분군에서 많이 출토된 상어뼈는 제사에 상어를 제물로 쓰는 현재의 풍습이 매우 오래되었음을 말해 주는 것이라 하겠다. 이러한 해산물의 유통경로는 남해안→김해→낙동강→금호강을 경유하여 경산으로 들어오는 낙동강로가 있다. 이 교통로는 신석기시대 청도 오진리의 암음유적에서 남해안에서 생산되는 투박조개로 만든 팔찌가 출토된 것으로 보아 낙동강과 지류를 통해 내륙 깊숙한 곳까지 교류가 이루어지는 것으로 보아 가능한 교통로라고 생각된다.

그러나 그보다는 오늘날 경산에 상어(돔배기)가 들어오는 통로인 울산→경주→영천→자인을 거쳐 경산으로 들어오는 길이었을 가능성이 더 크다고 생각된다. 이 통로는 경주에서 영천을 거쳐 경산, 대구로 이어지는 군사도로와 영천 경산(하양)을 거쳐 군위 상주로 이어지는 중요한 교통로의 결절점이 경산이라는 점을 볼 때 더 활발한 교역로의 역할을 했을 것으로 판단된다.

고대 경산의 교역에 의한 장신구(우)
경산 대평동 도로유구 발굴 전경(좌)

고대 경산의 도로유구 속성표

	도로유구명	길이(m)	너비(m)	수레바퀴흔(cm)	시설	기타
시지	1. 시지동 지석묘 II	44.7	15.7	8.20, 간격 200	자갈	삼국-통일
	2. 시지지구생활	176	4.8		〃	〃
	3. 매호동 지석묘 II	28.2	4		배수로	삼국
경산 대평동	4. 1호선	60	3	10~20	배수로 냇돌	통일신라
	5. 2호선	140	8.4			
	6. 3호선	140	5.8			
7. 임당 583번지		18	3.5		냇돌, 배수로	통일기
8. 경산 삼성리		23	7.4	수레바퀴흔		
9. 대구 동촌유원		30	3.3		자갈	
대구 봉무동	10. 봉무 385-9	9805	7	15, 간격 150	할석, 강자갈	삼국-조선
	11. 봉무1단계	143	5.2		자갈	〃
	12. 외국인학교	45	5.4		자갈	〃
13. 대구 가천동		70	4.5	10~20 간격 150~160	바퀴흔 자갈	〃
14. 대구 사월동 도로		35	약 3	간격 170~220		

압독무덤의 순장과 장제, 현실주의적 사후관을 보다

김용성 한빛문화재연구원 조사단장

임당고분은 청석암반이라고 부르는 니질계의 수성암이 기반암으로 형성되어 있는 곳에 이를 파서 묘를 축조한 것이기에 봉토까지 덮어 무덤을 완성한 후에는 묘 내에 우물과 같이 항상 물이 차 있게 되었다. 따라서 묘 내는 항상 온습도가 유지됨으로써 유기물이 잘 썩지 않게 되어 매장된 지 1500년이 지난 피장자의 인골을 비롯한 동물뼈, 패각 등이 고스란히 남아 있게 되었다. 이렇게 남아 있는 유물은 당시의 장례풍습을 잘 알려주는 자료가 된다. 이 가운데 고총에서는 한 사람의 인골만 남아 있는 것이 아니라 다수의 인골이 확인되었는데, 각 인골이 가진 유물과 인골의 매장자세, 배치상태 등에 의해서 한 사람의 주인공과 그를 위해 순장된 인골을 구분할 수 있게 하였다.

순장殉葬은 사전적으로 '임금이나 남편의 장사에 신하나 아내를 산 채로 함께 장사지내는 일'로 해석되고 있다. 따라서 처첩이나 노비를 주인공과 함께 묻는 장법이라 할 수 있다. 그러나 지금까지 조사된 신라·가야의 순장묘 가운데는 처를 남편의 장례에 묻는 경우는 조사된 적이 없다. 따라서 우리나라의 순장은 시동, 시녀를 포함한 근신자와 노예를 주인공의 죽음 시 함께 장사하는 것으로 정의할 수 있다. 이 순장은 종교적 행위의 하나로 시작된 희생의 한 범주로 볼 수 있다. 인간을 제의의 제물로 인식하여 희생하는 것은 인생人牲과 인순人殉으로 나누어진다. 인생이란 원시종교의 사상에서 기원한 것으로 조령祖靈에게 음식을 제공하는 개념으로 시행되는데 비하여 인순은 주인이 사후에도 인력을 사용한다는 개념에서 시행되는 것이다. 순장은 이 가운데 인순의 일종으로 볼 수 있다.

목곽묘의 순장 모습(조영1A-19호)

임당의 고분들에서 순장은 묘제에 따라 다른 양상을 보여주는데 가장 일찍이 축조된 목곽묘에서 이미 순장이 시작되고 있다. 조영1A-19호묘가 그것으로 4세기 전반에 축조된 것으로 믿어지는 고분이다. 이 고분의 주곽에는 피장자 발치에 2인을 주피장자와 같은 두향으로 순장한 흔적이 확인되었다. 이 묘의 주피장자는 약년 또는 성년의 여성이며, 순장자 역시 모두 약년 또는 성년의 여성으로 확인되었다. 이후 4세기 후반과 5세기 초 무렵의 적석목곽묘인 임당 G 5, 6호와 조영CⅡ-2호에서는 경주지역에서와 같이 내곽에 순장을 시행할 경우 주피장자의 발치에 머리를 반대로 해서 순장자를 배치하고 내곽과 외곽 사이의 석단 위와 부곽에 순장자를 배치한 것이 확인된다.

이후 고총단계의 중심묘제인 암광목곽묘에는 주곽에 앞의 적석목곽묘 내곽과 같이 순장자를 배치하고 부곽에 순장자를 배치하며, 5세기 후반에 일시적으로 축조된 석실묘(임당 5A호와 조영EⅡ-1호)의 경우는 양산 부부총에서와 같이 주피장자의 발치 아래인 입구 쪽에 주피장자와 엇갈린 방향으로 순장자를 안치하였다. 주부곽식의 경우 주곽에 2인, 부곽에 2인 모두 4인 정도의 순장자를 배치하는 것이 보통이나 많은 경우 주곽에 6인, 부곽에 2인 모두 8인(조영CⅡ-2호)을 순장하였다. 또 하나 특징은 주피장자가 어린아이일 경우에도 순장을 시행한 것이 확인된다. 이는 압독국의 지배자가 혈연에 의해 계승되고 있음을 보여준다. 이렇게 순장이 시행된 무덤의 주인공은 당시 압독의 최고지배자인 간干과 그의 가족으로 추정된다. 순장묘의 주인에 남성과 여성이 포함되고, 어린아이의 묘에서도 순장이 시행되었음에서 알 수 있다.

먼저 주곽의 순장자는 대부분 나이가 그렇게 많지 않고, 주인공과 같이 염습殮襲을 하는 등 사후 사체처리의 과정을 거친 것이 확인되고 귀금속의 장신구를 착용한 것도 확인된다. 이에 비해 부곽의 순장자는 나이가 많은 장년이 많고, 염습 등의 사체처리를 하지 않은 상태에서 매장된 것이 확인된다. 그리고 그가 보유한 유물로는 다양하여 금동이식을 착용한 경우도 있으나 큰칼을 차고 있거나, 주변에서 농기구가 발견되기도 한다. 이러한 사실에서 주곽의 순장자는 시동, 시녀를 포함한 주인의 근시적 존재라고 할 수 있고, 부곽의 순장자는 주인을 호위하거나 재산을 관리하는 등의 업무에 종사했던 인물로 볼 수 있다.

고총 부곽의 순장 모습(조영EⅢ-2호 부곽)

이렇게 무덤의 주인이 순장자를 데리고 사후세계로 떠나는 것은 계세사상繼世思想에 기인한 것으로 볼 수 있다. 현실세계의 지위와 권위가 사후세계로 이어지고, 사후세계에서도 현실세계와 똑같은 생활을 영위한다는 생각에 현실세계에서 자신에게 봉사하던 하인을 사후세계로 데려간다고 할 수 있다. 이러한 사고는 임당고총의 장제에서도 드러난다.

임당의 고총에서는 고총을 축조하면서 치룬 각종 제사와 관련된 제의시설과 유물이 확인되었다. 주곽의 개석 위에 유물을 가지런히 부장한 것, 주곽이나 부곽의 어깨면 위에 자갈을 깔거나 거기에 다량의 유물을 부장한 것, 호석의 바깥에 자갈을 깐 시설물을 만들거나 거기에 유물을 부장한 것, 호석의 바깥 주구周溝에서 무덤을 축조한 시기의 것보다 상당히 늦은 시기의 유물이 출토되는 현상 등이 그것이다. 또한 무덤 내부에 부장된 유물 가운데도 제의와 관련된 유물이 많이 발견된다. 방상시가 들었음직한 철모鐵矛 등의 무기, 장례행렬에 든 깃발의 장식으로 보이는 유자이기有刺利器와 겸형철기鎌形鐵器 등이 그것이다.

또한 무덤에서 출토되는 유물은 그것이 부장된 위치에 따라 다른 성격을 가진 것이 확인된다. 임당의 고총은 주부곽식의 경우 주곽은 내곽인 목곽과 외곽인 암광岩壙으로 나누어지고 내곽과 외곽의 사이에는 석단石壇을 두었다. 내곽은 다시 피장자를 기준으로 머리 위에 칸막이를 하여 주검이 안치되는 주검칸과 유물을 부장하는 부장칸이 나누어진다. 따라서 유물이 부장되는 공간은 내곽의 주검칸, 부장칸, 내곽과 외곽 사이 석단, 내곽의 위, 부곽으로 크게 구분할 수 있다.

이러한 유물 가운데 부곽에 부장되는 유물은 사후의 생활용 유물로 볼 수 있다. 순장자가 배치되고 큰 항아리를 비롯한 각종 토기, 마구류, 농공구류, 무기류 등이 출토되며 상어뼈를 비롯한 생선뼈, 돼지뼈를 비롯한 가축뼈, 노루뼈를 비롯한 사냥한 짐승뼈, 조가비, 벼를 비롯한 곡물 등 많은 종류의 음식물 흔적이 출토되는 것으로 보아 이를 알 수 있다. 이러한 유물은 사후에도 생활을 영위해야하기 때문에 가져가는 것으로 볼 수 있어 앞의 계세사상과 연결되기도 한다. 따라서 부곽이란 사후 생활유물을 보관하는 창고라고 할 수 있다.

한편, 주곽의 주피장자 머리맡인 부장칸에 부장되는 유물은 고배, 대부장경호 등 제사유물의 성격이 짙은 유물이 출토된다. 그리고 그러한 유물이 정형성을 가지며 배열된 특징이 있다. 이는 장례시의 제사상에 올린 유물을 거기에 부장한 것으로 짐작할 수 있어 공헌유물로 정의할 수 있다. 이에 비해 주검칸에는 피장자와 함께 그가 착용한 장신구를 위주로 한 복식품이 출토되고 머리 방향을 반대로 한 순장자와 그의 복식품이 출토되었다. 피장자가 착용한 유물은 머리부터 관, 관모, 관식, 귀걸이, 목걸이, 팔찌, 반지, 허리띠, 신발 등과 큰칼 등이 있다. 이들 유물은 장례 시 주검에 차려진 것으로 볼 수 있어 입관 시의 성복盛服과 관련된 것으로 판단할 수 있다. 또 내곽과 외곽 사이와 목곽의 위에서는 앞서 설명한 철모와 유자이기, 겸형철기를 비롯하여 갑주 등의 각종 무기, 제사상에 올렸던 것으로 보이는 토기류, 여타 농공구류와 무기류, 의기류 등이 군집을 이루며 출토되었다. 이들 유물은 장례의 과정에 있었던 각종 제사와 관련된 유물, 장례의 행렬에 사용되었던 유물, 무덤의 축조시 사용된 유물 등으로 볼 수 있다.

이러한 시설물과 유물의 현상으로 보아 적어도 무덤을 축조하기 이전 묘지를 선정한 후부터 무덤의 축조가 완료된 후의 제사에 이르기까지의 각종 의례를 복원해 볼 수 있다. 이는 비록 조선시대 이후의 장례 과정이지만 유교식 장례와 관련시킬 수 있는데, 사체를 처리하고 매장한 다음, 정기적인 무덤제사가 이뤄지는 것은 크게 변화하지 않을 것이기에 그러하다.

임당고총의 장례 과정은 인골의 출토상태로 보아 주검이 발생하고 난 후 염습殮襲 등의 사체처리를 하였고, 이후 몸에 착장하던 위세품격인 유물을 위주로 한 복식을 입히는 성복이 이루어졌을 가능성이 있다. 운구運柩 시에는 방상시를 앞세우고 무기를 착용하거나 유자이기와 겸형철기를 꽂은 깃발 등을 든 장례행렬을 유추할 수 있다. 주검이 장지에 도착하고 묘광을 파는 천광穿壙이나 목곽의 설치 후에는 장례행렬에 참가하였으며, 무기류를 착용한 방상시가 그 내부에 들어가 잡귀를 쫓는 방상시 행위가 있었다. 주검이 발생한 후 운구가 이루어지기 전에는 빈전殯殿이 설치되었고, 빈전에는 피장자를 위한 공헌물과 부의품 등이 차려져 있었으며, 장지로 운구된 후 무덤 주위의 장소에 영구임치靈柩任置를 하였고, 이때도 공헌물이 차려졌다. 이들 제상 등에 차려진 유물이 주로 피장자의 머리맡 부장칸에 부장되었다. 묘광의 어깨 위나 개석 위에서 출토되는 제의 시설과 유물로 보아 내곽인 목곽의 뚜껑을 덮은 후, 외곽에 돌 뚜껑을 덮은 후 등의 시기에 성분제成墳祭로 볼 수 있는 제의가 시행되었고, 봉분이 완성되고 난 후의 평토제平土祭 흔적도 있다. 그리고 후대에 정기적으로 행해진 묘제墓祭의 흔적도 발견되는데, 묘제는 상당한 기간 동안 시행되었다. 따라서 고총축조기의 장제가 유교식의 상장례와 크게 다르지 않다고 할 수 있다. 그것은 그들이 인식하고 있는 세계관이 현재의 유교식과는 다르지만 유사한 점이 많았음을 알려주는 것이다.

이러한 장례과정과 그 유물에서 우리는 그들의 사후관을 다시 확인할 수 있다. 그들은 조상이 죽은 후 올라간 천상세계는 중국에서와 같이 무시무시한 제신이 살고 있는 무서운 세계가 아닌 우리가 살고 있는 세계와 똑같은 아주 친근한 세계로 인식했던 것으로 보인다. 고분에 부장된 유물, 특히 부곽에 어떤 지역에서도 볼 수 없는 많은 생활유물을 부장하고, 주곽과 부곽에 순장된 사람은 신에게 바치는 희생의 성격이 아니고, 사후세계에서 사용하기 위한 것이라는 사실은 조상의 영혼이 살고 있는 천계도 지금 살고 있는 세계와 똑같고, 같은 것을 먹고, 같은 옷을 입고, 현재의 지위가 그대로 유지된다고 생각했음을 알려준다. 이러한 사실은 그들이 천상세계를 아주 친밀한 세계로 인식한 현실주의적인 관념이 강했음을 보여준다. 단군신화에 인간에게 이익을 준다고 생각되는 풍백風伯, 우사雨師, 운사雲師가 등장하지만, 중국에서 옥황상제 아래의 수위를 차지하며 하늘에서 벌을 내리는 주체로 나타나는 뇌공雷公이 존재하지 않음은 바로 친밀한 천상세계, 현실과 유사한 천상세계를 그리고 있는 것에서 나온 것은 아닐까한다.

한편, 그들은 영혼이 천상세계로 올라갈 때 처음에는 새를 타고 올라간다고 생각했으나 고총이 축조되던 시기에는 말을 타고 올라간다고 생각했다. 목곽묘에서는 오리모양토기 등이 출토되고, 고총에서는 많은 장식마구가 출토되는 것에서 이를 알 수 있다.

임당에서 나타나는 이런 사후관과 세계관은 신라의 경우 6세기 전엽부터 급변하여 중국식의 세계관이 도입된 것으로 보인다. 폐쇄식의 수혈식묘에서 변화하여 개방식의 석실묘가 채용되고, 백제나 남조를 통하여 풍수, 취족이장聚族而葬의 세가대족묘 등 남조묘제의 기본적인 원칙이 채용되며, 불교가 유입되는 등 사상적인 변화에 기인하여 이런 현상이 발생된 것으로 볼 수 있지 않을까 한다.

고총 주곽의 순장 모습
(조영EⅢ-8호 주곽, 왼쪽 : 주피장자, 오른쪽 : 순장자)

고총 부곽의 순장 모습(조영EⅠ-1호)

먼 옛날, 압독 사람들은 무엇을 먹었을까?

김대욱 영남대학교박물관 학예연구원

음식을 취득하여 그것을 섭취하는 일련의 과정은 과거로부터 현대까지 우리 삶에서 가장 중요한 일 중 하나였다.(최근 방송되는 '정글의 법칙'이라는 프로그램을 보라. 온종일 음식을 구하고 그것을 조리하여 먹는 데 하루의 대부분을 보내고 있지 않는가.) 이러한 관심과 비례해서 옛 사람들의 식문화에 대해서는 우리나라에서 가장 오래된 역사서인 『삼국사기』나 『삼국유사』, 그리고 중국의 농업과 조리·가공에 관해 상세히 기록된 『제민요술』이나 화상석의 기록, 일본의 『고사기』, 『일본서기』 등을 종합해서 옛 사람들의 음식, 식기, 부엌살림, 조리, 음식의 저장과 가공, 식사풍습 등 많은 연구가 진행되고 있다. 이 장에서 필자는 이러한 기록 외에 최근까지 연구된 고고학 연구 성과를 통해 먼 옛날(A.D 4~6세기 정도, 지금으로부터 약 1,500년 전 쯤), 경산지역에 살았던 사람들은 무엇을 어떻게 먹고 살았는지를 살펴보려고 한다.

사실 고고학에서 고대 사람들의 음식문화에 대해 본격적으로 관심을 나타낸 것은 1990년대 후반이니까 그 연구사는 겨우 10년 남짓하다. 그 동안 고고학자들은 고대 사람들의 농경과 어로, 수렵 등 생업에 관한 연구나 식량자원의 취득 방법과 소비에 관한 연구 등을 진행해 왔다. 2000

년대에 들어서는 고대 사람들의 생활방식으로 곡물을 수확하고 가공하며 저장, 조리, 식사까지의 전 과정을 실험하기도 하였다.

경산지역은 고대 압독국의 생활 영역으로 밝혀져 있으며, 1980년대 이후부터 현재까지 이 지역에 대한 발굴조사가 꾸준히 진행되어 생활문화와 관련한 고고학적 발굴성과가 잘 드러나 있기 때문에 당시 사람들의 음식생활 문화를 복원하는 데에 많은 자료를 제공하고 있다. 경산지역에서 발굴조사된 자료 중에는 주거지·저습지·환호 등의 생활유적, 토기가마 등 생산유적, 토성 등의 방어유적 등 다양하지만, 압도적으로 많은 양을 차지하는 것이 고분이다.

이 고분이란 것은 죽은 사람의 공간이지만 아이러니하게도 당시 살아있던 사람들의 실제 생활을 가장 잘 보여주는 공간이라고 할 수 있다. 왜냐하면, 무덤이란 것은 그 무덤의 주인공은 죽은 사람일지라도 그 무덤을 만드는 사람은 살아있는 사람이며, 그 살아있는 사람이 주도해서 여러 제사용품을 봉헌하며, 그것이 현재 우리 눈에 드러나기 때문이다.

임당유적 출토 음식과 음식관련 유물

따라서 필자는 이 두 가지 측면 즉, 생활유적과 분묘유적을 고려하여 먼 옛날, 압독 사람들의 식생활을 살펴볼 것이다.

경산지역에서 고대의 농경지가 현재까지 발굴조사되지 않고 있지만 6세기경 신라는 새로운 수리시설의 축조와 관리를 통하여 하천이나 계곡의 유량을 조절하고 이를 통하여 새로운 토지를 개발하였을 가능성이 있다는 견해를 통해 볼 때, 고대 경산지역의 농경지는 현재의 오목천과 남천 주변으로 형성된 농경지와 동일한 범위에 농경이 행하여졌을 가능성이 크다. 이 하천은 농경에 필요한 용수를 공급하기에 필요충분한 조건이었다. 동시에 압독 사람들은 필요한 용수와 식수를 공급받기 위해 많은 수의 석축우물을 축조하였다. 이 우물은 사람들이 한 곳에 정주하여 장기간 생활하는 데에 꼭 필요한 필수적인 요소로 취락지 내에서는 수혈유구, 고상식 건물지, 구 등과 함께 축조되어 있어 이들이 유기적인 관계를 가지고 있었을 것으로 추정할 수 있다. 또한 고대 경산에는 단야 조업집단, 토기 조업집단 등의 전문 조업집단이 발생하였고 각 전문집단 간의 분업을 통해 식량생산을 증대시키고 농지관리에 상당한 기여를 하였을 것으로 추정된다.

이렇게 생산된 곡물이나 농작물은 4주식, 6주식, 8주식, 9주식, 12주식 등 다양한 형태의 고상식 건물지 내에 보관되거나 구덩이를 파고 그 안에 놓인 토기 안에 농작물을 저장하여 두었다. 그리고 주거지 내부에서 취사를 위해 불을 피우고 그 연기를 바깥으로 배출할 수 있도록 구조물을 설치하였다. 이러한 부뚜막시설은 화력을 부뚜막 위에 설치된 용기에 집중함으로 고온의 취사가 가능하도록 취사의 효율성을 증대하였다.

토기는 식생활과 관련하여 기능 및 용도에 따라 식기용, 저장용, 취사용으로 사용되었다. 식기용 토기로는(아마, 나무로 된 식기도 많았을 테지만 현재까지 남아있는 것은 소량이다) (대부)완, 발 등의 작은 크기의 개인 식기로 음식물을 담거나 덜어 먹기 위한 용도로 사용되었으며 물이나 술 등을 마시기 위한 파배, 소호, 영배, 주자형토기 등도 있다.

저장용 토기는 주로 호류가 해당되며 단경호, 장경호, 대부장경호, 대부호, 대호 등으로 저장물의 내용이나 용도에 따라 다르게 사용되었을 것으로 생각된다. 당시 저장용 토기의 획기적인 점은 액체가 용기 내로 전혀 스며들지 않는다는 것이다. 이로 인해 물이나 술 등의 액체의 음식물을 장기간 저장할 수 있어 발효 음식을 생산한다거나 겨울 등의 장기간 동안 음식물을 저장하는데 큰 기여를 하였다. 또한 다른 지역에 비해 대호가 월등히 많이 생산되고 사용되었다. 대호는 제작이 어렵고 귀한 것이어서 주로 지역의 지배집단들이 소유하거나 생산, 유통하였을 것으로 추정되는데, 이 대호를 어느 정도 땅에 묻은 채 술이나 물 등의 액체류를 저장하거나 곡물을 보관하였을 것이며, 오랫동안 저장음식을 담가두었던 것으로 생각된다.

취사용 토기는 식재료를 삶거나 끓이거나 찌는 조리용기로 시루와 시루를 얹을 수 있는 파수부호나 장란옹이 있다. 이들 토기 외면에는 고온에 노출되어 표면이 적갈색으로 변질된 피열흔이나 불완전 연소 및 연기에 의해 토기 표면에 흑갈색의 그을음이 흡착된 경우가 많고, 토기 내부에 음식물이 끓으면서 눌러 붙어 생긴 탄화흔이 관찰되는 경우도 있어, 취사 행위를 증명하는 분명한 증거가 된다. 또한 이렇게 음식물을 익힘으로써 날 것으로는 섭취할 수 없었던 음식까지 다양하게 섭취할 수 있었다.

이러한 용도 외에도 긴 손잡이가 달린 토기는 그 안에 숯 등을 넣고 숯 위에 호를 얹어 놓음으로써 음식물이 빨리 식지 않도록 온도를 유지시키는 역할을 하였을 것으로 생각된다. 특히 임당의 저습지유적에서는 물이나 술 등을 마실 수 있는 나무잔이나 음식물을 덜어내는 데에 사용된 국자나 음식물을 조리하는 데에 사용된 도마가 출토된 바 있다.

식생활과 관련한 철기는 그 용도에 따라 농경 작업에 사용할 목적으로 제작된 농기구와 동물이나 가축을 사냥하거나 손질하는데 사용된 도구로 구분할 수 있다. 농기구로는 따비, 삽날, 쇠스랑, 괭이, 살포, 철서, 낫, 철도자 등이 있는데 이들은 논이나 밭에 씨를 뿌리거나 모종을 하기 위해서 또는 논이나 밭을 갈아서 땅심을 좋게 하여 수확의 양을 늘리기 위한 용도로 사용되었으며, 벼나 보리 등의 곡물을 수확하거나 제초 또는 파종의 과정에서 작은 크기의 철기를 이용하여 노동력을 효율적으로 관리하기 위해 사용되었다.

이러한 철기는 농기구 외에도 동물을 사냥하거나 사냥한 동물이나 가축을 손질하는 데에도 이용되었다. 즉 야생의 동물을 사냥하거나 포획하는 데에 철모, 철준, 철촉 등이 사용되었으며 이렇게 포획한 동물을 손질할 때 도자 등의 소도구를 사용하였다. 이 외에 낚시바늘이나 어망추가 출토된 바 있어 어로활동도 활발하였음을 보여준다.

고대 경산 사람들은 죽은 이후 현실세계에서 누리던 권력과 부귀를 저승 세계에 가져가려는 희망의 표현으로 여러 가지 토기와 함께 음식물도 부장하였는데, 지형적인 조건으로 이러한 음식물이 썩지 않고 남아있는 경우가 많다. 현재까지 발굴조사를 통해 확인된 음식물은 다음과 같다.

● 포유류: 개, 돼지, 멧돼지, 소, 말, 사슴, 바다사자, 고라니, 여우, 강치
● 조류: 닭
● 어류: 상어, 잉어, 방어, 복어, 참돔, 누치, 고등어, 전갱이
● 패류: 떡조개, 가무락조개, 소라, 고둥, 전복, 참굴, 백합, 대수리, 재첩, 홍합
● 곡류: 쌀

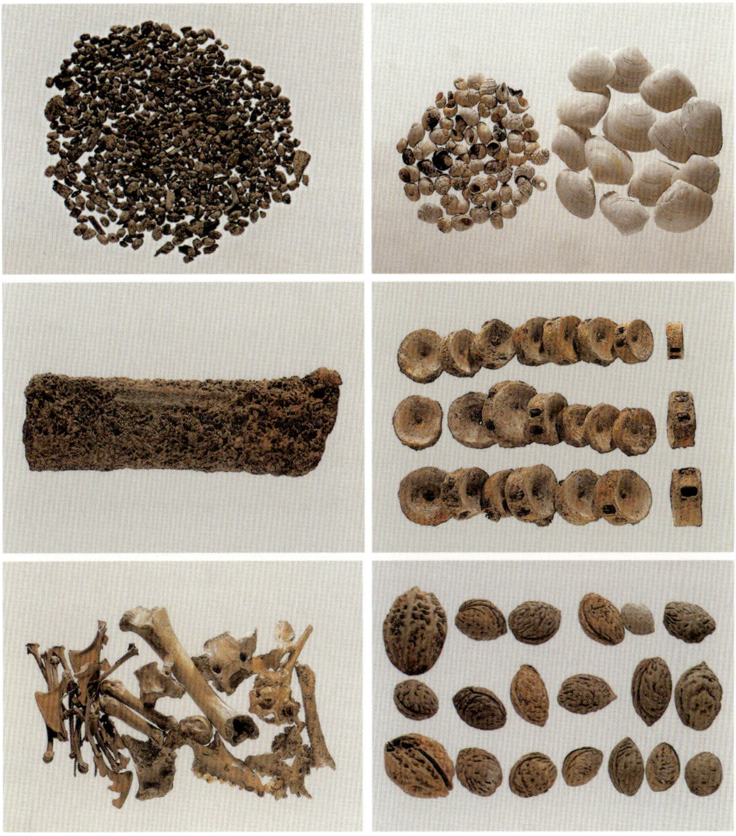

임당유적 출토 각종 음식(탄화미, 볍씨, 돼지뼈, 복숭아씨, 살구씨, 조개, 상어)

●과일: 살구, 복숭아

이러한 사실을 통해 볼 때, 고대 경산 사람들은 농경을 통해 쌀 등의 곡물을 얻는 것 이외에도 사냥이나 사육 등으로 육류를 얻었고, 수렵과 채집 등으로 각종의 어패류와 과일, 채소 등을 섭취하였을 것으로 보인다. 하지만 여기서 확인되는 어류나 패류는 대개 동해안이나 남해에서 생산되는 것으로 동해에서 생산된 것은 포항-경주-영천을 통해, 남해에서 생산된 것은 낙동강-금호강을 통해 경산까지 유입되었음을 추정할 수 있다.

마지막으로 짚어볼 것은 경산지역에서 확인된 인골과 배설물 분석을 통한 연구이다.

경산지역 고분에는 당시 사람들의 인골 및 치아가 잘 남아 있는데, 이들 인골의 평균 신체 크기를 통해 집단의 총체적 복지 수준을 알 수 있으며 골격과 치아에 반영된 주식의 종류나 영양상태, 질병의 상태 등을 알 수 있다. 이러한 인골 분석결과는 과거인의 식생활, 영양상태, 건강상태를 추정하는데 유용하여 고대 경산사람들의 사회상을 재구성할 수 있을 것으로 생각된다. 다행히 최근에 이루어진 연구를 보면, 임당유적 고총 피장자의 인골에서 추출한 콜라겐의 탄소·질소 안정동위원소 분석을 통해 임당 고총의 주피장자와 순장자 모두 쌀, 보리, 밀, 콩 등의 식물 위주의 식생활을 하였고, 조, 피, 기장 등의 식물을 섭취했을 것으로 추정하였다. 또 순장자 집단의 경우에는 조, 피, 기장 등의 식물의 섭취가 주피장자보다 많았고, 주피장자 집단은 순장자 집단보다 육류 섭취가 많았음을 추정한 바 있어 주목된다.

임당유적의 생활터에서 확인되는 화장실과 분뇨 시설, 그리고 그 안에서 확인되는 배설물에 대한 분석을 통해 과거 사람들이 어떠한 음식물을 먹었는지를 추적할 수 있다. 임당의 생활유적에서는 다수의 토기매납유구가 확인된 바 있는데, 이들은 대개 주거지와 인접하여 있으며 평면형태는 원형으로 수혈 내부에는 장동옹 등을 1점씩 가운데에 똑바로 세워두었다. 발굴보고서에는 이들의 성격에 대해 구체적으로 언급하고 있지 않으나 필자는 이들이 당시 이 유적에 거주한 사람들의 화장실일 가능성이 있다고 생각한다. 하지만 현재까지 이 토기 내에 저장된 유기물을 분석한 경우가 없어 배설물에 대한 정확한 자료는 없지만, 향후 이와 비슷한 유구에 대한 발굴이 진행된다면 이에 대한 면밀한 검토와 분석이 이루어지기를 기대해 본다.

임당유적 음식물 출토 모습

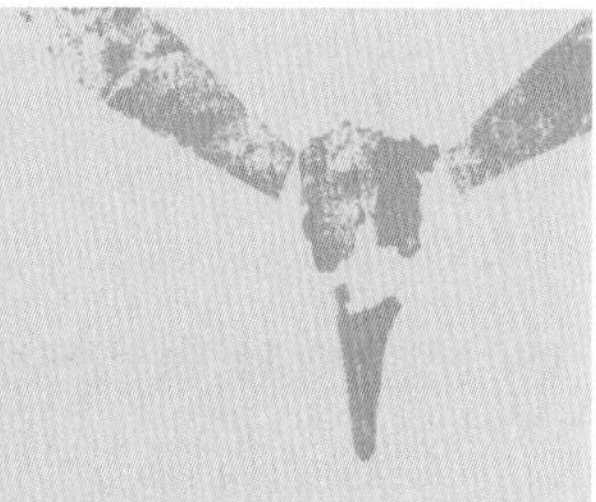

김유신의 군사활동지, 지리적 중요성 알겠지?

이형우 영남대학교 국사학과 교수

● 역사 기록으로 만나는 압독국

영남지역은 한반도와 같이 북쪽에서 남쪽 방향으로 길게 뻗어 내린 백두대간에 의하여 중·북부지역과 구분된다. 동·남쪽은 바다와 접하고 있으며, 강원도 삼척시의 함백산에서 시작한 낙동강은 많은 지류와 합류하면서 남쪽으로 흘러 김해에서 남해로 유입되며 하나의 커다란 분지를 형성하고 있다.

'영남의 젖줄' 이라고 불리는 낙동강은 본류의 길이만 약 520여㎞이며, 총 유역의 면적은 2만 3859㎢로 남한면적의 4분의 1, 영남면적의 약 4분의 3에 해당된다. 따라서 백두대간의 여러 줄기와 그 사이의 하천으로 인하여 영남지역은 크고 작은 분지와 평야가 많이 형성되어 있다. 이들 지역은 선사시대부터 사람들이 생활하기에는 비교적 좋은 환경이었으나 외부와 교통이 불편하여 정치집단으로의 성장은 비교적 늦을 수밖에 없었다.

특히 외래문화의 접촉은 육지보다 바다와 강을 통하는 것이 용이하였으므로 중·북부지역과 구분되는 문화적 성격을 가지고 있다. 한반도 남부지역의 초기 정치집단의 성격에 대해서는 『삼국사기』와 『삼국유사』,

『삼국지』 등에 서로 다른 내용이 전하고 있다. 문헌과 고고학 자료, 기왕의 연구 성과를 종합해보면 사로국, 구야국, 압독국, 이서국, 골벌국, 사벌국, 감문국, 조문국 등 20여 소국들이 이 지역의 초기 정치집단으로 존재하였음을 알 수 있다.

이들 중 경주지역에 위치한 사로국이 다른 정치집단에 비하여 바다와 하천을 통한 외부와의 문화적 접촉 등 유리한 환경을 바탕으로 주변의 여러 정치집단을 대표하는 맹주국으로 성장하였으며, 낙동강 유역에는 김해지역의 금관가야와 고령지역의 대가야가 중심세력으로 발전하였다.

● 사로국 편입, 항복 아닌 기구편입

『삼국사기』의 신라본기 제5대 파사왕 23년조를 보면 2세기 초인 서기 102년 압독국과 실직국이 함께 사로국에 항복한 내용이 전한다. 그리고 일성왕 13년조에는 압독국이 사로국의 영향권에 들어간지 약 반세기 후인 서기 146년에 반란을 일으켰으나 곧 평정되고 나머지 세력들은 남쪽 지역으로 옮겨졌다는 내용이 보인다. 그런데 『삼국사기』 지리지를 보면 앞의 내용과는 달리 나라의 이름을 압독 대신 압량소국이라 하였으며 사로국에 편입된 과정도 파사왕대에 스스로 항복한 것이 아니고 6대 지마왕이 이곳을 정벌하여 그 지역을 군으로 삼고 통일 후 경덕왕의 대대적인 행정기구 개편과 함께 장산군으로 고쳐졌다고 한다.

한편, 『삼국유사』에도 나라의 이름은 압량이라 하였으며 『고려사』 지리지나 『경상도지리지』, 『신증동국여지승람』, 『대동지지』, 『경상도읍지』 등의 자료에도 모두 비슷한 내용이 전한다. 즉 『삼국사기』의 압독국은 그 외의 대부분 자료에 督(독)대신 梁(량)으로 표기하였다. 그리고 신라 통일기 성덕왕대(722년)에 축조된 관문성의 신대리 성벽 하단부에 '押啄南界' 라고 표기된 명문석이 남아있으며, 역시 통일기인 8세기 말 개축된 영천 청제비에 표기된 '押梁'은 切火(영천)와 함께 금석문에 보이는 현재 경산의 옛 지명이라 하겠다.

이상에서 볼 때 압독국은 사로국에 병합된 후 압독, 압량, 압탁 등으로 불리었으며 8세기 중엽 장산군으로 개칭되었으나 8세기 말엽에도 압량군의 명칭이 두루 사용되었음을 알 수 있다.

『삼국사기』 지리지 장산군조에 의하면 압독국은 지마왕 때에 사로국에 정벌되어 군으로 편입되었으며, 경덕왕 때에는 장산군으로 개명되어 해안현, 여량현, 자인현 등 3개의 영현이 있었다. 해안현은 본래 치성화현 또는 미리현이라 하였는데 경덕왕 때 개명하였으며 고려말 공양왕 때 수성감무가 겸하였다. 여량현은 본래 마진량현 또는 마미량현이라 하였는데 경덕왕 때 개명하여 장산군의 영현이 되었으며, 고려 현종 9년 경주에 이속 구사부곡으로 강등되었다. 자인현은 본래 노사화현 또는 기화현이었는데 역시 경덕왕 때 개명되어 장산군의 영현이 되었다. 이후 고려 현종 9년 경주부에 이속되었다가 조선 인조15년에 다시 현감을 두었으며, 1914년 경산군에 편입되었다. 한편, 獐山郡은 고려 태조 때 章山郡으로 개명하였으나 충선왕 때 왕의 이름인 璋을 피하여 경산으로 고쳤다. 이러한 경산군의 명칭변경 및 영역의 변천내용은 표와 같다.

시대	명칭	영역	비고
삼국시대	압독국(압량소국)	치성화현(혹은 미리) 마진(미)량현 노사화현(혹은 기화)	
통일신라	장산군(獐山郡)	해안현 여량현 자인현	고려 현종9년 장산군에 소속
고려시대	장산군(獐山郡)	해안현 구사부곡	고려태조때 장산군으로 개명 충선왕때 경산으로 개명

● 영천 경산 대구를 잇는 교통요지

경산지역의 자연지리적 환경을 살펴보면 동쪽으로 영천시, 남쪽으로는 청도군, 서북쪽으로는 대구시와 경계하고 있다. 따라서 이 지역은 영천, 경산, 대구를 이으며 낙동강 중·상류지역과 쉽게 연결되고 또한 경주지역과도 교통이 용이한 요지이다.

금호강의 지류인 남천과 오목천, 대창천 유역의 구릉과 들판은 농경에 유리하여 일찍부터 취락이 형성되었다. 이 지역에는 도시의 개발로 대부분 훼손되었으나 약 400여기의 고인돌이 분포하고 있었으며, 경산시 조영동, 임당동의 구릉지역과 고산 일대에는 많은 무문토기편이 발견되고 있다. 특히 5~6세기경 유물을 포함하고 있는 임당동, 조영동, 부적동 등의 대형고분과 불로동, 내동, 선화동 등지의 유적은 압량국의 성격을 밝혀주는 대표적인 유적이라 하겠다.

이상으로 자연환경과 고대의 문화흔적을 참고해보면 이 일대 주민들의 생활무대는 금호강북편의 대구광역시 동구 괴전동·불로동 일대, 금호강의 지류인 영천시 대창면 일대, 남천유역의 경산시 남천면, 오목천 유역의 경산시 자인면, 대구시 수성구 고산일대 등 5개 지역으로 나누어 볼 수 있겠다. 따라서 압독(량)국은 금호강 유역의 들판(한들)을 낀 지금의 압량일대가 그 중심지였다고 할 수 있다.

● 신라통일 주역 김유신 군사기지

사로국이 가장 처음 진출을 시도한 낙동강 방면, 즉 가야 지역으로의 진출은 남쪽의 울산 방면이었으나 금관가야 영향으로 더 이상 불가능하게 되었다. 파사왕대 압독국과 이서국의 병합은 사로국이 낙동강 중류 가야지역으로 진출하는데 있어서 절대적인 요충지를 확보한 셈이다. 특히 지금의 경산지역에 위치하였던 압독국으로의 진출은 평지로 연결되어 있는 대구지역까지도 쉽게 장악할 수 있게 되었으므로 더욱 큰 의미를 갖는다. 신라 통일의 중심인물인 김유신이 일찍이 이곳을 중심으로 군사 활동을 한 사실과 통일 후 천도계획 등은 이곳의 역사, 지리적 특성과 중요성을 잘 설명해 준다.

경주평야를 중심으로 한 사로국이 처음 대외진출을 시작한 가야지역으로는 남쪽의 울산 방면이었다. 그러나 김해를 중심으로 한 금관가야가 강력하게 포진하고 있어 우시산국(울산), 거칠산국(동래) 이상의 진출은 불가하였다.

그러나 이서국(청도)와 2세기 초 압독국의 병합은 사로국이 낙동강 중류 가야지역으로 진출할 수 있도록 절대 요충지를 확보한 것이라 하겠다. 그리고 3세기 중엽 골벌국(영천), 감문국(김천), 사벌국(상주)의 병합은 낙동강 중상류 가야지역과 한반도 중북부의 백제, 고구려 백두대간 이북지역으로 진출하는 결정적인 계기가 되었다.

일찍이 신라는 산악을 숭배하였다. 『삼국사기』 제사조를 보면 내림(경주), 골화(영천), 혈례(청도) 3곳의 산신에게 제사를 올렸는데, 이는 3대사하여 신라 시조신에게 바치는 제사보다 더욱 큰 의미를 가지고 있었으며 호국의 성지로 삼았다.

한편 통일 후에는 중사라 하여 토함산, 계룡산, 지리산, 태백산, 중악 등 5악을 신라 발전의 성소로 여기며 제사하였다. 이중 중악은 지금의 대구, 경산, 영천, 군위 등지에 걸쳐 있는 八公山으로 5악 중 중앙에 위치하고 있으며 公山, 父岳 등으로 불려졌다.

『三國史記』의 선덕왕조를 보면 대장군 김유신을 압량주의 군주로 파견하였다. 압량, 진량, 팔공산 등지에 남아있는 화랑유적 중 병영유적으로 불리는 두룩산 유적은 통일신라의 중추가 되었던 정예 화랑들의 훈련 장소였다.

경산 병영유적에서 바라본 팔공산

이처럼 압독국의 고지인 경산지역은 낙동강유역의 가야지역과 백두대간 이북의 백제, 고구려 지역으로 진출하는 정치·군사적 절대 요충지였다고 하겠다. 그러므로 신라는 한민족 첫 번째 통일의 위업을 이룬 후 통일 수도를 이곳 호국의 성소인 중악이 있는 압량으로 옮기려 계획하였으나 뜻을 이루지 못하였다.

이렇듯 경산은 "민족의 혼이 살아 뛰는 곳"으로 원효, 일연 등 민족사에 걸출한 인물들을 배출하였으며 민족 중흥의 요람으로 주목받고 있다.

임당의 고고자료가 전해주는 압독국 이야기

박승규 영남문화재연구원 원장

압독국押督國은 고대 경산지역에 존재했던 삼한 소국의 하나로 알려져 있으며, 압독국의 역사와 문화는 온전히 임당林堂유적에 담겨 오늘날까지 전해오고 있다. 압독국에 대한 연구는 임당유적을 떼어 놓고서는 논의할 수가 없다. 그만큼 임당유적은 압독국의 역사와 문화를 이해하는 데 있어 중요한 학술적 위치를 점하고 있기 때문이다.

임당발굴 30주년을 기념하는 학술회의가 2012년 9월 8일에 영남문화재연구원의 주최로 "임당발굴 30년 그리고 압독문화"라는 주제로 영남대박물관에서 개최되었다. 이날의 회의는 임당유적에서 발굴된 고고자료에 대한 연구를 통해 압독국의 옛 모습을 복원하려는 데 초점이 맞추어져 있었고 각각의 발표에서는 임당유적의 고고자료가 전해 주는 압독국의 이야기가 풍성하였다.

임당유적에서 발굴된 고고자료를 통해 압독국의 이야기를 시기별로 간추려 보면, 압독국 성립의 기반을 보여주는 초기 목관묘와 환호에 의한 여명기(기원전 2세기), 목관묘의 군집에 의한 압독국의 성립기(기원전 1세기~기원후 2세기 전엽), 임당 구릉에 마을이 형성되고 목곽묘가 출현하는 성장기(2세기 중엽~3세기 말), 임당토성의 축조와 대형목곽묘 및 대규모 마을

이 만들어지는 발전기(4세기 초~4세기 말), 임당동·조영동 고총의 출현과 신라 중앙양식의 고고자료가 유입되는 전성기(5세기 초~6세기 전엽), 석실분의 등장과 함께 신라의 지방으로 편입되는 시기(6세기 중엽 이후)로 나누어 살펴볼 수 있다.

임당유적의 2008년 모습

● 제1기

임당유적에 처음 등장하는 고고자료는 환호와 초기 목관묘가 해당되며, 환호와 초기 목관묘에 대한 고고학적 분석에 의하면 기원전 2세기경까지는 아직 소국의 성립이 구체적으로 파악되지 않는 단계로서 압독국의 여명기로 볼 수 있다.

임당동 환호는 3~4세기 주거지의 하층에 위치하고 내·외환호의 2열로 이루어져 있다. 최근 실시된 임당동 208 일대의 발굴조사에서 환호가 구릉을 둘러싸면서 만들어져 있음이 밝혀졌다. 환호 내부에는 삼각점토대토기, 두형토기, 소옹, 조합우각형파수부호, 유구석부, 지석, 미완성석

기편, 방추차, 원판형토제품 등이 출토되었으며, 일부 지점에서 환호의 구가 연결되지 않는 것으로 보아 이 지점이 환호 내부로 연결되는 출입시설로 추정된다. 임당동 환호의 기능과 성격에 대해해서는 주거의 기능이 아닌 제사와 관련 있는 시설물이 존재하였을 가능성이 있다.

임당유적의 초기 목관묘는 대구 팔달동유적과 경주 조양동유적에서 조사된 바 있는 적석목관묘와 동시기의 자료로서 조영IB지점과 임당F지구에서 확인된다. 이들 초기 목관묘는 조영IB-7호처럼 통나무목관의 구조를 가지고 있으며, 출토유물로는 청동제도끼, 세형동검과 동촉, 점토대토기와 흑도장경호, 전국계 철기류가 보인다.

임당 환호 전경

제2기

목관묘의 군집양상과 중심유구의 연계를 통해 소국의 성립을 추정할 수 있으므로 삼한 소국의 하나로서 압독국이 성립되는 시기이다.(기원전 1세기~기원후 2세기 전엽)

초기 목관묘에 뒤이어 와질토기를 반출하는 목관묘는 임당유적과 신대리유적에서 군집을 이루면서 조영된다. 기원전 1세기 후반에 보이는 목관묘의 군집양상은 임당E지구, 임당A지구, 신대리유적의 발굴조사에 의해 밝혀졌으며, 각각의 권역에는 중심유구가 존재하고 있는 점을 고려할 때 각 권역마다 하나의 집단으로 상정하여도 가능할 것으로 보인다. 임당유적과 신대리유적에서 발굴된 목관묘는 모두 원삼국시대의 것으로서 부장유물로는 조합식우각형파수부호, 주머니호, 옹으로 대표되는 전기와질토기와 청동검, 청동거울, 호형 및 마형대구의 청동장식품, 부채, 철검과 철촉, 재갈, 철부 및 수정제 다면옥과 유리구슬이 있다. 그리고 일부 유구에서는 칠기가 다수 확인되는 것으로 보아 다양한 목기류도 부장되었음을 알 수 있다. 임당유적의 목관묘는 대구 팔달동유적, 창원 다호리유적, 성주 예산리유적, 경주 조양동유적들과 동일한 문화양상을 보여주고 있어 삼한 소국의 하나로서 대등한 정치체가 임당유적을 중심으로 성립되었음을 알 수 있다. 또 부장유물인 와질토기의 형식변화로 보아 순차적인 발전단계를 거치고 있음이 파악되어 지속적인 발전과정도 찾아볼 수 있다.

- 제3기

임당 구릉에 마을이 축조되고 목곽묘가 출현하는 압독국의 성장기로서 대표적인 고고자료로는 목곽묘와 후기와질토기가 해당된다. (2세기 중엽~3세기 말)

목곽묘는 앞 시기 목관묘가 사용했던 입지와 달리 구릉정상부에는 대형의 목곽묘가 분포하고 사면에는 소형의 목곽묘가 위치하는 특성이 확인된다. 특히 대형의 목곽묘는 구릉 정상부에 대한 입지의 우월성을 확보하기 위한 분묘간의 중복현상이 나타나고 있다. 임당유적의 목곽묘는 2단계의 발전과정을 거치는데, 후기와질토기를 반출하는 초기 목곽묘 단계, 고식도질토기의 출현과 함께 동일 묘광에 부곽이 만들어지거나 주곽과 부곽이 따로 설치된 주·부곽식의 대형목곽묘 단계로 나눌 수 있다.

초기 목곽묘는 철검과 대부호 등의 후기와질토기가 출토되고 있으며, 이들 목곽묘의 상부에 대형목곽묘와 고총군이 중복되어 있어서 뚜렷한 문화상을 파악하기 어려운 점이 있다. 이 시기에 만들어지는 마을은 임당 구릉에 구축된 58동의 주거지를 통해 알 수 있으며, 이들 주거지에는 반타원상의 주구가 돌려져 있고 경사면의 삭평으로 인해 주거지의 내부구조가 명확히 알 수 없으나 평면 형태가 장방형을 이루고 내부에 일정한 간격의 주혈이 다수 확인되고 있다.

● 제4기

임당토성이 축조되고 대형목곽묘와 대규모 마을이 만들어지는 압독국의 발전기이다. (4세기 초~4세기 말)

임당유적에서 부곽이 딸린 대형목곽묘가 등장하는 단계로서 동일 묘광내 부곽이 설치되는 임당ⅠA-1호와 별도의 부곽을 가지는 임당G-5,6호를 들 수 있다. 대형목곽묘에는 고식도질토기가 부장되고 적석구조가 채용되어 적석목곽묘의 초기 양상을 보여주기도 한다. 4세기를 전후하여 영남지역에는 도질토기의 발생이라는 변화와 더불어 토성의 축조, 순장의 실시, 대형묘의 출현이라는 새로운 변화가 함께 나타나는 특징이 있다. 임당유적에서도 이러한 변화로서 임당토성이 축조되어 기존의 임당 구릉의 주거지군을 대체하는 새로운 마을의 형성구조를 보여준다.

임당토성은 임당 고총군의 북서쪽 능선에 걸쳐 위치하며, 능선 정상부를 둘러싸고 있는 형상이다. 토성의 규모는 동서 120m, 남북 350m

정도로 추정되며, F지구에서 130m 정도의 영정주 열이 확인되었으며, G지구에서도 65m의 영정주 열을 가진 성벽이 남아 있었다. 토성의 축조는 직경 50~80cm의 주공으로 된 영정주를 좌우 대칭으로 설치하고 그 내부부터 판축상의 성토를 통해 성벽 중앙부를 축조하고 그 다음에 성벽 외측에 덧붙여 판축상의 외벽 성토를 함으로써 토성의 축조를 마무리하였다. 잔존 성벽의 높이는 1.5m이고 성벽의 폭은 중앙부가 4.5m이고 외벽은 1.6~2.8m 정도이다. 토성의 축조 시기는 하층의 주거지 연대와 영정주 주공에서 확인된 와질토기를 비롯하여 토성 내부에서 확인된 각종 도질토기로 보아 4세기를 전후하여 축조되어 6세기까지 사용된 것으로 파악된다.

임당토성의 목책열 전경

임당토성의 축조와 더불어 임당I지구의 저평한 지대에는 따로 주거지가 80여동 중복 축조되어 있으며, 평면형태는 장방형과 타원형이 함께 분포한다. 이들 주거지는 고래시설에 의한 온돌구조를 갖추고 벽체와 바닥시설도 양호하게 확인된다. 출토유물로는 와질토기와 도질토기가 함께 확인되고 있으며, 분묘 부장토기와는 기종 구성과 형식차가 뚜렷이 나타나고 있다.

한편 이 시기에 경산권에서는 임당유적과 함께 인접한 시지지구의 매호동에서 대규모 주거지군의 형성되는데 이들 양 지역의 마을은 상호 연계망을 형성한 것으로 추정된다. 또한 임당유적에서 새로 토성이 축조되고 평지의 주거지군이 만들어지는 현상처럼 고산지역에서도 매호동 주거지군과 성동토성이 유사한 양상을 보여주고 있어 4세기 이후 압독국 내에서 토성과 연계된 새로운 마을 구조의 실체를 파악할 수 있고 더불어 이러한 마을구조가 여러 곳에 형성되어 상호 연계망을 구축한 것으로 이해할 수 있다. 따라서 이러한 새로운 취락 연계망의 구축은 대형목곽묘의 출현과 함께 압독국의 지속적인 발전을 보여주는 성장 기반이 됨을 알 수 있다.

임당 208유적 주거지 전경

● 제5기

대형봉토분인 고총이 처음 축조되는 시기로서 신라문화가 본격적으로 유입된다. (5세기 초~6세기 전엽)

임당유적의 고총은 임당 고총군, 조영 고총군으로 나뉘어 분포하고 있으며, 내부구조는 적석목곽묘에 재지적 성격이 결합된 암광목곽묘의 구조를 보여준다. 고총군의 분포는 전대의 대형 목곽묘가 분포하였던 구릉 정상부에 중복하여 축조되었으며, 임당유적 내 2개의 권역이 집단의 차이를 반영하는 것으로 연구된 바 있다. 고총의 축조는 신라토기의 지역내 파급과 동일한 양상으로 전개되며, 임당유적 내 고총에 부장된 유물은 당대의 최고 위세품으로서 압독국의 위상을 잘 반영하고 있다.

고총의 축조는 5세기 초부터 이루어지는데, 임당유적의 고총을 정점으로 하는 압독국은 신라 중앙과의 관계에서 간접지배체제에 의한 반독립적 지역거점세력으로 존재하였던 것으로 볼 수 있다. 이는 영남 각지에서 보이는 대규모 고총 축조의 경향성이 지역집단의 존재를 상정하고 있음과 같이 임당유적에서도 반독립적 지역집단이 세력화하였음을 알 수 있다. 즉 5세기 이후 압독국은 정치체로서 하나의 '소국'을 계속 유지하지 못하였지만 당시 임당유적 고총의 내부 구조가 재지적 성격의 암광목곽묘를 유지하고 있음을 볼 때, 간접지배의 지방지배체제를 유지한 것으로 이해된다.

또 신라토기는 5세기 전반에 임당지역에 파급되기 시작한다. 이처럼 5세기 전반에 나타나는 신라토기의 파급은 경산지역의 토기 양식이 크게 바뀌는 변화를 보여주며, 이후 경산지역의 토기문화는 경주산 토기의 형식을 그대로 수용하여 제작·분배하는 양상이 확인되고 있다. 이러한 토기양식의 확산과 수용에 따른 문화의 동질성은 토기문화의 변화를 보여줄 뿐 아니라 정치·사회적 변화도 함께 수반됨을 알 수 있다. 이처럼 경산권이 신라의 경주지역과 토기제작기술의 공유와 분배권에 함께 포함되어 있음은 경산지역이 신라토기의 문화권에 편입되었다고 하겠으며, 이를 확대 해석하면 신라의 지방지배체제에 귀속되었다고 할 수 있다.

이후 임당유적에는 석실분의 출현과 고총 분구의 축조방식이 바뀌는 양상이 전개되며, 이러한 6세기 중엽부터 압독국에 대한 신라의 지방지배체제가 직접지배로 바뀐 것으로 추정된다.

경산 임당유적은 전면적인 발굴조사를 통해 분묘와 생활유적이 함께 조사됨으로써 어느 지역보다도 다양하고 풍부한 고고자료를 확보하고 있다. 이러한 다양하고 풍부한 고고자료의 활용을 통한 압독국의 연구는 앞으로 우리나라 지역사 연구의 모범적인 모델이 될 수 있다. 다만, 지역사 연구의 풍부한 자료를 제공하고 있는 임당유적이 원형 보존의 기회를 잃어버린 점이 안타까운 일이라고 하겠으며, 그나마 잔존하고 있는 부분들도 곧 사라질 위기에 처해 있음에 대해 시급한 대책이 필요한 것으로 인식된다.

이제는 임당유적의 발굴이 가져다 준 수많은 학술적 성과에 대해서만 다룰 것이 아니라 임당유적의 보존에도 새로운 관심을 가져야 할 것 같다. 임당유적의 발굴이 전해 주는 남겨진 것들에 만족하지 말고 그 의미를 되새겨 보아야 한다. 많은 사람들이 임당유적의 현실에 대해 아쉬움을 말하기도 하지만, 아쉬운 것들에 대해 이대로 스쳐 지나갈 것인지 아니면 임당유적을 어떻게 새로 가꿀 것인가에 대해 진지한 논의가 있어야 할 것 같다.

임당유적 조영동고총군

압독국 왕릉 전시관 구경하고 압독국왕 한정식 어때?

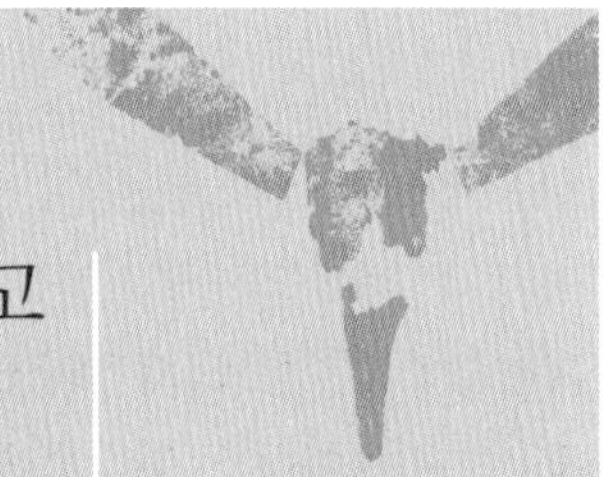

김약수 대구미래대학교 교수

압독국은 삼한시대 변진 12국의 한 소국이라는 기록으로 볼 때 기원전에 이미 건국되었음을 알 수 있다. 대표적인 유적은 경산 옥곡동유적(청동기시대~초기철기시대 주거지와 분묘)과 임당유적(임당동고분군, 조영동고분군, 부적리고분군)이다. 임당유적은 압독국의 발생과 발달을 잘 알려주는 유적으로 여기에서는 초기철기시대의 환호와 원삼국시대의 마을터·못터·토성 등이 확인되었고, 수많은 목관묘·옹관묘·목곽묘가 조사되었다. 묘제와 출토된 토기 등은 임당지역에 자리한 압독국의 지배층들이 경주의 사로와 긴밀하게 교류 또는 정치적 영향 하에 있었음을 보여주고 있다. 대체로 압독국은 기원전 1세기경부터 기원후 4세기경까지 존재한 것으로 추정하고 있다.

압독국은 신라가 중앙집권적인 귀족국가로서의 체제가 확립되는 5세기 말부터 신라의 지배하에 들어가서 지방관에 의해 통치되었을 것으로 추정한다. 4세기 후반에서 5세기 후반까지 신라의 완전 통치 이전까지인 약 1세기 동안 압독국 지역은 신라가 압독국왕 후예들과의 정치적 제휴 하에서 통치하는 즉, 간접지배한 것으로 볼 수 있다. 이러한 정황은 경산 임당동고분군·조영동고분군·부적리고분군의 조성(유구구조)과 출토유물을 통해서 추정할 수 있다. 임당동고분군과 조영동고분군에서 출토된 거대한 봉토를 가진 대형고분 중 임당동고분군에서 출토된 금동관·금동신발을 비롯한 유물의 종류 및 수량 등 출토유물과 묘제로 살펴볼 때 압독국 후예의 대표적인 무덤으로 볼 수밖에 없다.

이 글에서 『삼국사기』의 기록을 통해 본 압독국의 실체에 대해 언급하고, 임당동고분군을 중심으로 무덤의 축조과정 및 출토된 유물을 중심으로 문화자원 활용 및 개발 방안(음식메뉴 개발, 관광기념품 제작, 관광자원 조성 방안 등)에 대해서 살펴보고자 한다.

● 『삼국지』의 진한 12국과 『삼국사기』에 나타난 압독국押督國

중국 『삼국지』「위서」동이전에 의하면 진한 12국이 있었다고 하는데, 기저국已柢國, 불사국不斯國, 근기국勤耆國, 난미리미동국難彌離彌凍國, 염해국冉奚國, 여담국如湛國, 호로국戶路國, 주선국州鮮國, 마연국馬延國, 사로국斯盧國, 군미국軍彌國, 우유국優由國 등이다. 진한 12개국 중 경주에 위치한 사로국이 유일하게 일치하고 있을 뿐 압독국을 비롯한 여타 경북의 소국과 관련지울 수 있는 나라는 없다.

삼한시대 경산은 진한에 속했다. 그러나 『삼국지』「위서」동이전에 기록된 12개국 중 경산지역에 있던 나라가 어느 것인지 알 수가 없다. 더욱이 압독국, 또는 압량국과 관련지울 수 있는 나라 이름이 없다.

『삼국사기』에는 신라가 병합한 진한의 여러 나라의 국명을 적어 놓았다. 즉, 음즙벌국(音汁伐國; 안강), 실직국(悉直國; 삼척), 압독국(押督國; 경산), 감문국(甘文國; 김천), 골벌국(骨伐國; 영천), 이서국(伊西國; 청도), 사벌국(沙伐國; 상주), 조문국(召文國; 의성) 등의 소국명이 등장한다.

『삼국지』「위서」동이전 변진의 기록에서 진한과 변한을 합하여 24국이었으며 대국은 4,5천가, 소국은 6,7백가 되어 총 4,5만가라 했다. 경산지역에 위치한 압독국이 대국이었는지 소국이었는지는 알 수가 없다. 그렇지만 『삼국사기』에는 압독 소국이라 했기에 6,7백가(600~700호) 규모였을 것으로 추정할 수 있다.

압독국은 삼한시대 변진 12국의 한 소국이라고 기록된 것에서 기원전에 이미 건국되었음을 알 수 있다. 대표적인 유적은 옥곡동유적(청동기시대~초기철기시대 주거지와 분묘)과 임당유적이다. 임당유적은 압독국의 발생과 발달을 잘 알려주는 유적으로서 초기철기시대의 환호와 원삼국시대의 마을터·못터·토성 등을 비롯하여 수많은 목관묘·옹관묘·목곽묘가 조사되었다. 목관묘에서 점토대토기·전기 와질토기·청동도끼·청동검·청동거울편·원통형동기 등이 출토되어 압독국의 건국배경을 설명해주고 있다. 목곽묘에서 압독국의 발전상을 알려주는 것으로 대형화한 것이 특징이며, 와질토기와 조기 신라토기가 동반하여 출토되고 있다. 이처럼 묘제와 토기 등은 임당지역에 자리한 압독국의 지배층들이 경주의 사로와 긴밀하게 교류하였음을 증명해 준다.

압독국이 언제 신라에 병합되었는지는 명확하지 않다. 압독국 지역이 신라의 주州(압독주 또는 압량주로 표기됨)로 처음 설치되는 시기가 6세기 초로 추정하는 것이기 때문에 주州로 설치되기 전인 4세기 후반에 이미 압독국은 신라영토에 통합되었다고 볼 수 있다.

『삼국사기』 권1 신라본기 파사이사금 23년(102), 27년(106), 일성이사금 3년(146), 나해이사금 27년(218) 등 여러 차례 압독국 정복을 꽤했던 기록을 통해서 볼 때, 압독국은 어느 한 시기에 신라에 완전히 병합된 것이 아니라 몇 차례에 걸쳐 일시적으로 신라에 복속되었다고 추정할 수 있다. 『삼국사기』 신라의 압독국 침공기록은 2세기 초부터 3세기 초(102~218년)에 이르기까지 압독국이 신라의 정치와 문화의 영향을 서서히 받아왔음을 암시하고 있다. 이러한 사건들은 신라가 주변의 소국들을 연맹체로

흡수하는 과정의 일면을 보여주는 것이라고 생각한다.

신라가 낙동강 동쪽의 경북일대를 지배하여 통일체적 국가로 성장 발전하는, 곧 큰 연맹왕국을 완성한 시기는 내물마립간(356~402년) 때로 추정되고 있는데, 이 시기에 압독국이 신라에 완전 병합된 것으로 볼 수 있겠다. 이 당시 신라는 고구려와 잦은 교류가 이루어졌으며 연맹왕국의 구축과 백제·일본의 연합군의 침략에 고구려의 힘을 빌려 극복했다는 역사적 상황에서 살펴볼 때, 신라에서 고구려로 연결하는 통로는 경산지역을 경유하지 않으면 안 되는 지리적 여건으로 압독국의 복속은 선행되어야 했던 것으로 판단한다.

신라가 중앙집권적인 귀족국가로서의 체제를 갖추게 된 것은 6세기 초(지증왕 대, 510~513년)의 일인데, 중앙집권적인 체제 이전의 약 1세기 동안 압독국 지역은 신라왕실과 압독국왕 후예들과의 정치적 제휴에서 이 지역이 통치(간접지배)되었을 것으로 추정한다. 5~6세기의 고총고분 분포와 『삼국사기』 34권, 잡지3, 지리1의 신라 경덕왕 때의 상황을 전하는 기록으로 보아 경산 임당(압량)·자인 북사(노사화)·진량 신상리(마진량)·대구의 해안 불로동(치성화) 등 4개의 큰 세력집단들이 분포하였고 이를 통괄하는 집단이 영남대학교 앞 구릉의 임당집단(임당동고분군, 조영동고분군, 부적리고분군)이었음을 짐작할 수 있다. 즉, 대구에 편입되기 전 경산군(고산면, 안심면 포함) 전체와 대구광역시 불로동 일대까지를 포함한 지역이 당시 압독국의 범위에 해당한다.

임당동고분군과 조영동고분군에서 출토된 금동관·금동신발·금귀고리·금동성시구(금동제 화살통장식)·금동환두대도·신라식 토기 등은 압독국이 신라와 정치적 주종관계를 짐작하게 하는 유물이다. 특히 임당동고분군에 조성된 적석목곽묘에서는 경옥제 장신구류·금공품·무구류·농공구류가 출토되었다. 출토유물과 묘제(적석목곽)를 함께 고려해 볼 때, 이

것은 경주 사로국 세력의 영향력이 경산지역에까지 미치게 된 상황을 반영하는 것으로 보인다. 이는 신라의 중앙집권적인 정치체제가 확립됨을 보여주는 고고학적 자료이다.

● 임당동고분군 축조과정 및 출토유물

임당동고분군은 3기의 봉분이 붙어서 하나의 거대한 봉분을 이루고 있었다. 즉, 5호·6호·7호분의 봉토는 한 개씩 차례로 붙여서 축조했던 것이 봉토의 윗부분이 많이 깎여 작은 동산처럼 하나로 되어 있었다. 발굴조사 전까지 이 고분군 위는 복숭아나무를 심어 과수원으로 경작되고 있었다.

경산 임당동고분군 5,6,7호분 유구배치도

5호·6호·7호분의 봉토를 발굴조사한 결과 여러 개의 봉분을 하나씩 차례로 연결해 나간 것이 점차 하나의 큰 봉분으로 형성된 것이며, 실제로 무덤도 여러 기가 계속해서 이어져 만들어진 것임이 확인되었다. 즉, 5호분은 5A·5B·5C·5D1·5D2로, 6호분은 6A·6B1·6B2로, 7호분은 7A·7B·7C·7D 등으로 구분되어 나타났다. 이 고분군에서 석실묘 16기와 옹관묘 2기 등 모두 18기의 묘가 조성되어 있었다.

그리고 무덤형식도 옹관묘(2기)·수혈식석실묘(15기)·횡구식석실묘(1기) 등 다양하다. 또한 무덤마다 원형 호석(둘레돌)이 석축되어 있다. 이 호석이 무덤의 조성 선후를 확연히 보여주는 중요한 유구이며, 그 예가 드문 고분유적이다. 호석 유구가 이 고분이5A→5B→7A→7B→7C→6A 순으로 축조되었음을 알 수 있다.

출토유물은 금동관·금동관식·금동과대·금귀고리·금팔찌·금동신발·금동제 환두대도 등 화려한 위세품 및 장신구와 철제 대도·철촉·삼지창 등 무기류, 금동제 화살통장식, 마구류, 농공구류, 토기류 등 5천 여 점의 유물이 출토되었다. 당시의 높은 수준의 세공기술과 공예기술 높은 철기제작기술을 잘 보여주고 있다. 토기를 만드는 과정에서도 두드림질을 할 때 사용된 내박자도 발견되어 당시의 토기 제작기술의 한 단면을 유추해 볼 수 있다.

그리고 당시의 음식문화를 이해할 수 있는 식생활 관련 유물(식기용 토기, 음식물)을 살펴보면 다음과 같다.

1) 식기용 토기류

고배·배·대부완·완 등의 소형으로 개인 식기로 음식물을 담거나 들어 먹기 위한 용도로 사용되었으며 현재의 식기 모양과 비슷하다. 음식물뿐만 아니라 물이나 술을 마시기 위한 파배·소호·영배·주자형 토기·시루 등이 있다.

2) 음식물

고대인들은 계세사상繼世思想에서 비롯된 사후에도 현실에서 누리던 권력과 부귀생활을 저승세계에 가져가기 위해 여러 종류의 토기 안에 음식물을 부장했다. 발굴조사를 통해 확인된 음식물은 육류·어패류·곡류·과일류 등이다.

① 육류: 닭·개·돼지·소·말·사슴·바다사자(?) 등.

② 어패류: 상어·잉어·방어·복어·(참)돔·누치·고등어·전갱이·떡조개·가무락조개·소라·고둥·전복·참굴·백합·대수리·재첩 등.

③ 곡류: 쌀.

④ 과일류: 살구·복숭아 등.

이상의 당시 음식물들은 지금 우리들의 먹을거리와 크게 다르지 않았다. 그리고 시루도 발견되어 음식물을 쪄 먹기도 하였음이 밝혀졌다. 압독국 사람들의 음식문화는 비록 1500년에서 2000년 전에 존재하였던 고대문화이지만, 현재에도 그 일부가 이 지역주민의 생활 속에 어떠한 형태로든 남아 있으리라고 생각된다.

경산 임당동고분군 유구 복원 전시 전면(좌)과 부분(우)

● 고대국가 압독국 탐방 코스 및 압독국 왕릉 전시관 조성

압독국 관련 유적과 유물 및 유구자료가 영남대학교 박물관과 경산시립박물관에 일목요연하게 전시되어 있다. 임당동고분군 및 조영동고분군 답사 등을 비롯한 압독국 관련 유적과 유물을 중심으로 탐방 및 관광코스는 경산시립박물관→임당동고분군→조영동고분군→영남대학교 박물관 순이면 효과적일 것 같다.

현재까지 고분(군) 발굴조사 후 고분내부를 전면 공개한 고분전시관으로 고령 지산동고분군 전시관(대가야 왕릉전시관), 의성 대리리고분 전시관이 있다. 이들 전시관은 당시의 무덤을 직접 관람할 수 있어 관람객들에게 신선한 즐거움을 느낄 수 있도록 하고 있다. 그러나 멀리서 관람해

대가야 왕릉전시관 외형

대가야 왕릉전시관 내부(좌)
의성 대리리고분 전시관 내부(우)

야하기 때문에 자세히 볼 수가 없는 아쉬움이 있다.

임당동고분군 내부공개 전시관(압독국 왕릉 전시관)은 특수 투명유리로 유구 전체를 덮어서 유구 바로 위로 걸어 다니면서 유구 및 출토유물들을 자세히 살펴볼 수 있도록 조성하면 훌륭한 교육장이 될 뿐만 아니라 관람객들에게 최고의 즐거움을 제공할 수 있다. 또한 외부는 봉분모양의 지붕으로 처리하면 더 실감이 있을 것으로 생각한다.

● 압독국 음식메뉴 및 관광기념품 개발

『삼국유사』 가락국기에, "문무왕 19년(679)에 수로왕 17대손에게 선조의 제사를 지내도록 상상답(좋은 논) 하사했는데 해마다 술·감주·떡·쌀밥·차·과로 제사를 지냈다."는 기록이 있다. 『삼국사기』 신라본기 유리왕에 "…병(餠, 떡)을 물어 잇자국을 시험한즉 유리儒里의 잇금(齒理, 잇자국)이 많은지라 군신들이 유리를 받들어 왕으로 모셨다(284년)"는 내용의 기록이 있다. 당시 우리나라에는 밀가루가 보급되어 있지 않았고 밀가루떡으로는 잇자국이 잘 남지 않으니 밀가루떡은 아닌 것 같다. 여기서 말하는 병餠은 멥쌀을 날알 그대로 찐 다음 절구통에 넣어 쳐서 만든 흰떡(절편, 인절미, 가래떡) 같은 친떡이었을 것이다.

중국역사서 『신당서新唐書』에 된장은 발해의 특산물이라는 기록과 신라 고관 딸의 혼수품에 된장이 등장하는 기록을 통해서 우리나라의 장醬은 간장·된장이 고래로부터 음식의 기본 품목이었으며, 이것은 모두 콩만으로 담근 것으로 추정하고 있다. 이외에 삼국시대에도 보리나 쌀로 담근 것 또는 콩과 쌀이나 보리를 섞어서 담근 것이 있었다. 이것은 후일의 막장이며 17세기 초 고춧가루가 도입된 이후로 막장에다 고춧가루를 섞어 담은 것이 고추장으로 된다.

그리고 어패류를 소금에 절인 젓갈이 있었을 것으로 추정하고 있다.

큰 생선을 그대로 또는 토막을 쳐서 절임으로 가공했을 것이다. 또한 상고시대부터 채소와 소금이 있었으므로 채소를 소금에 절인 백김치를 만들어 먹었다고 할 수 있겠다. 이 시기는 고춧가루가 사용되지 않았으므로 백김치 밖에 없었다.

임당동고분군에서 출토된 쌀밥(벼)과 육류 및 어패류, 그리고 백김치를 기본으로 요리를 개발하여 소위 '압독국왕식 요리' 메뉴를 중심으로 한정식 식당을 운영하는 방안을 제안하고자 한다. 별미로 떡(차수수전병, 절편·인절미·가래떡 같은 친떡, 콩설기)을 만들어 제공하고, 후식으로 살구와 복숭아를 제공하면 색다르고 참신한 먹을거리가 될 수 있다.

소위 압독국왕식 요리는 인공조미료가 일체 사용되지 않은 순수한 자연의 무공해 음식이며, 쌀밥과 백김치에 닭, 돼지, 소 등 고기요리와 상어, 잉어, 방어, 복어, (참)돔, 고등어, 누치, 전갱이, 떡조개, 가무락조개, 소라, 고둥, 전복, 참굴, 백합, 대수리, 재첩 따위의 생선 및 조개를 재료로 한 다양하고 풍부한 생선 해물요리가 특징이라고 할 수 있다. 차수수전병, 절편, 인절미, 가래떡, 콩설기 등을 요일별로 하루 한 가지씩 별미로 맛 볼 수 있게 하고, 후식으로 살구와 복숭아 등 제철의 생과일과 통조림 과일을 활용할 경우 일년 내내 변함없는 후식이 되어 잔잔한 감동을 불러 일으킬 수 있다. 여기에다 신라 때 곡주를 빚어 마셨다고 하는 신라주新羅酒를 반주로 곁들인다면 금상첨화라고 하겠으며, 하루에 손님 수를 일정하게 정해 놓고 인터넷 접수를 통해 예약을 받아 운영한다면 품격 또한 높일 수 있어 한결 더 매력적인 음식이 될 수 있지 않을까.

금동관 및 금동관식을 세트로 장식용 기념품으로 만들면 좋은 살거리가 될 수 있다. 금팔찌와 금동신발, 유개 삼두마 대부완有蓋三頭馬附臺盌 등을 장식용 기념품으로 제작한다면 손색이 없을 것이다.

그리고 관광기념품 및 실용품 개발을 위해서 경산시에서 매년 임당동 고분군에서 출토된 유물을 중심으로 한 소위「경산관광기념품 및 실용품 공모」같은 것을 매년 시행한다면 좋은 결과를 얻을 수 있다.

제2부

사진으로 보는 '발굴하는 사람들'

김대욱 영남대학교박물관 학예연구원

도굴과
발굴

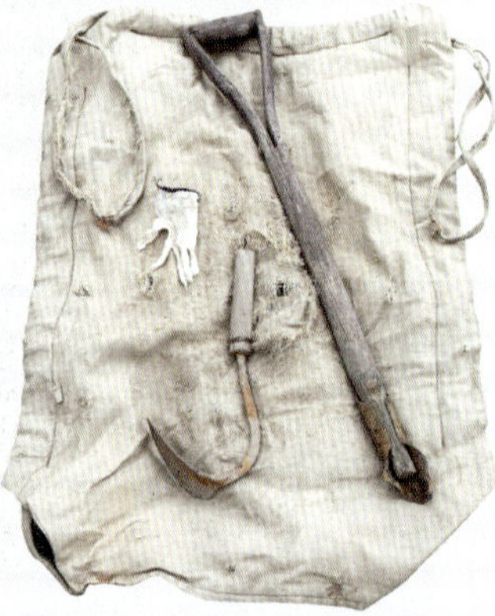

임당유적은 도굴된 유물을 해외로 밀반출하려다가 적발되어 발굴을 시작하게 된 유적으로 잘 알려져 있다. 이러한 상황을 증명하듯 실제 발굴이 시작되면서 유적 곳곳에서 도굴된 흔적이 발견되었다. 이 사진은 조영EⅢ-3호분의 조사전 상황으로 무덤이 파헤쳐지고 그 자리에 각종 생활쓰레기가 버려진 모습이다.

개토제

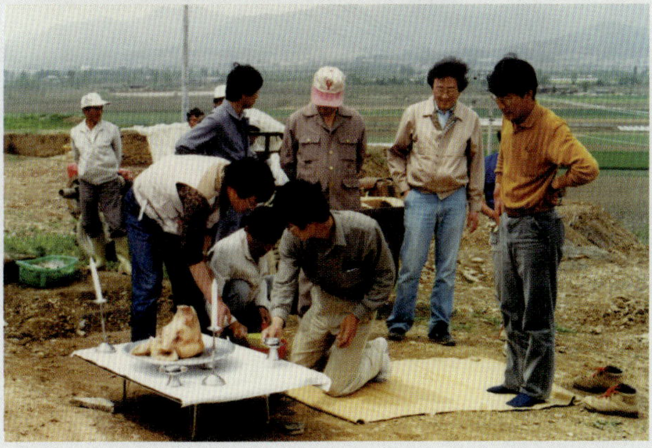

유적 발굴조사에 앞서 조사단의 안녕을 기원하기 위하여 고사를 지내는 모습이다. 발굴조사는 현장에서 이루어지는 작업이기 때문에 도처에 안전사고 위험이 도사리고 있다. 따라서 땅을 열기 전에 먼저 지신에게 예를 올리며 조사단을 안녕을 기원한다. 그리고 본격적인 발굴조사에 앞서 조사원들의 협력과 단결을 도모한다.

봉토 측량

발굴조사 대상지 또는 유구의 높이나 넓이, 방향 등을 확인하고 기록하기 위해 측량을 실시한다. 이 측량을 통해 유적이 어디에 위치하는지, 유구가 어떻게 분포하는지를 알 수 있다. 이 사진은 봉토 표면을 벌목한 뒤 봉토 위에서 측량을 하고 있는 발굴조사단의 모습이다. 평판 측량기를 읽는 사람과 그 결과를 도면에 기록하는 사람, 그리고 측량 수치를 읽을 수 있도록 함측을 들고 서 있는 사람이 한 조를 이루어 작업 중이다.

봉토 조사

본격적인 발굴조사라고 할 수 있는 봉토 조사가 진행되고 있는 모습이다. 봉토 조사는 봉토의 축조방법을 살펴보기 위하여 봉토의 둑을 남겨두고 작업하며 남겨진 봉토 둑에서 토층을 통해 분묘 축조의 순서와 도굴의 흔적을 확인한다. 높고 큰 봉토를 조사하기 위해 많은 조사원들과 인부들이 땀 흘리고 있다.

개석 제거

무덤을 덮어 둔 개석(뚜껑돌)은 그 무게가 수백 킬로그램이나 된다. 1980년대 당시 발굴은 지금과 같은 다양한 장비를 사용하지 못하였고 인력으로 대부분 발굴을 실시하였다. 이 사진은 도르래를 이용하여 개석을 들어내거나 여러 명의 인부가 힘을 합쳐 개석을 제거하고 있는 모습이다.

무덤 내부조사

압독국 왕의 무덤을 발굴하고 있는 모습이다. 압독국 왕의 무덤에는 토기나 철기, 장신구 등 다양한 유물들이 대량으로 묻혀 있었는데, 고고학자는 발굴을 통해 유물이 더 이상 훼손되지 않고 잘 드러날 수 있도록 붓질을 통해 유물을 노출시킨다. 1,500년 이상 땅 속에 묻혀있던 문화재들이 고고학자들의 붓끝에서 빛을 보는 순간이다.

유구 실측

현장에서 발굴조사 한 결과를 기록으로 남기기 위하여 사진을 찍기도 하지만 토층의 상태나 유물의 출토 상황을 실측한다. 실측은 유적이나 유구의 정확한 정보를 도면으로 나타내는 필수적인 작업이다. 더운 날은 뜨거운 태양 아래에서, 추운 날은 세찬 찬바람을 맞으며 조사자는 열심히 도면을 그린다.

유물 수거 및 이동

사진촬영, 도면 작성 등 유적에 관한 모든 정보를 기록으로 남긴 후 유물을 수거한다. 많은 양의 유물이 동시에 수거될 때는 유물이 혼동되지 않도록 수습 날짜, 출토 위치, 수습자 등 유물에 대한 정보를 정확히 기록한다. 유물 수거 과정에서 금속, 직물, 목재 등 훼손될 가능성이 높은 유물은 특별한 정성을 쏟으며 필요한 경우 보존과학의 힘을 빌리기도 한다. 그리고, 이렇게 수거된 유물은 각 종류대로 분류하여 바구니에 담고 안전하게 포장하여 수레에 실어 박물관으로 운반한다. 아래의 당시의 열악한 현장 상황을 잘 보여주는 기록사진이다.

기념 촬영

발굴조사를 끝내기 전 고생한 동료들과 함께 역사의 현장에서 기념사진을 남긴다. 예전 발굴 현장에는 슬라이드나 필름카메라를 주로 사용하였기 때문에 현장 조사자들을 사진에 담기에는 형편이 넉넉지 않았던 것 같다. 그래서 몇 장 안 되는 이러한 기념사진이 더욱 귀중하게 여겨진다.

위험을 무릅쓴 사진 촬영

발굴 현장의 한 조사원이 발굴조사 결과를 기록으로 남기기 위해서 위험을 무릅쓰고 높은 사다리에 올라가 사진 촬영을 하는 모습이다. 발굴조사자들은 현장 조사 시 많은 위험에 노출되어 있지만 고고학에 대한 열정 하나만으로 좋은 사진을 남기기 위하여 높은 곳도 마다하지 않고 올라가 사진 촬영을 하였다.

포크레인과 불도저의 등장

최근에는 포크레인 등의 장비를 이용하여 트랜치TRENCH를 파거나 표토를 제거하는 모습이 발굴현장의 일상적인 모습이지만 예전에는 발굴현장에서 포크레인을 사용한다는 것은 상상치 못한 일이었다. 이 사진은 발굴 현장에 처음 포크레인과 불도저를 들여와 개석을 들어내거나 표토를 제거하고 있는 모습이다.

토층 조사와 토층 전사

토층이 층을 이루게 되면 토양을 구성하는 토양 모재들과 그들의 색깔에 따라서 두 개 이상의 층으로 구분되는데 이를 토층 또는 토양단면이라고 한다. 보통 지표에서 지하로 내려오면서 위에서부터 A층, B층, C층으로 구분하여 부르는데 이 토층은 유적의 생성 순위에 따라 아래로부터 위로 쌓이게 된다. 현장에서 고고학을 처음 접한 이들에게는 토층을 이해한다는 것이 여간 곤혹스러운 일이 아닐 수 없다. 하지만 토층을 해석하는 것은 열쇠로 자물쇠를 여는 것처럼 중요하고 즐거운 일이다. 이 사진은 봉토의 토층을 그어 실측하거나 토층을 전사하고 있는 모습이다.

현장 방문

발굴현장에는 학생들부터 일반인, 그리고 문화재 전문가까지 여러 사람들이 방문한다. 특히 발굴된 내용은 조사가 마무리될 즈음에 현장설명회를 개최하여 관련 고고학 연구자들에게 그 내용을 소개하기도 하였으며, 문화재 전문가들을 초청하여 발굴조사 성과와 의의에 대하여 토론하기도 하였다. 따라서 이 자리는 고고학 연구자들의 만남의 장소이자 최신 정보를 얻을 수 있는 귀한 공간이 되었다.

방송 출연

"텔레비전에 내가 나왔으면 정말 좋겠네".

당시 임당유적 고총군에서 금동관, 금제이식, 은제허리띠, 금동신발 등 화려한 장신구를 비롯한 다양한 유물이 출토되면서 이 발굴 성과가 전국에 특집으로 방송되었을 뿐만 아니라 지역 언론에서도 연일 경쟁적으로 보도하였다. 이 사진은 아나운서 이계진씨가 발굴 현장을 배경으로 조사단과 인터뷰하는 모습, KBS NEWS 팀이 취재하는 모습, 대구 MBC에서 특집방송을 제작하는 모습이다.